Alfred von Sallet

Beiträge zur Geschichte und Numismatik der Könige des Cimmerischen Bosporus und des Pontus von der Schlacht bei Zela bis zur Abdankung Polemo II.

Alfred von Sallet

Beiträge zur Geschichte und Numismatik der Könige des Cimmerischen Bosporus und des Pontus von der Schlacht bei Zela bis zur Abdankung Polemo II.

ISBN/EAN: 9783955642792

Auflage: 1

Erscheinungsjahr: 2013

Erscheinungsort: Bremen, Deutschland

@ EHV-History in Access Verlag GmbH, Fahrenheitstr. 1, 28359 Bremen. Alle Rechte beim Verlag und bei den jeweiligen Lizenzgebern.

BEITRÄGE

ZUR

GESCHICHTE UND NUMISMATIK

der Könige

des Cimmerischen Bosporus und des Pontus

von der Schlacht bei Zela

bis zur Abdankung Polemo II.

von

ALFRED VON SALLET,
DR. PHIL.

BERLIN.
WEIDMANNSCHE BUCHHANDLUNG.
1866.

VORWORT.

Es giebt wohl kaum einen andern verhältnifsmäfsig so beschränkten Theil der antiken Numismatik, welcher eine so zahlreiche Literatur aufzuweisen hätte, als die Münzen der Könige des Pontus und des Cimmerischen Bosporus. Abgesehen von den diese Münzen betreffenden Abschnitten in Eckhels Doctrina, Mionnets Description und Viscontis Iconographie grecque existiren Specialwerke über diesen Gegenstand von Vaillant, Souciet, Cary, Raoul-Rochette, Köhler u. a., von denen aber eigentlich nur Köhlers Arbeiten wirklich wissenschaftlichen Werth haben. In neuerer Zeit sind für Geschichte und Numismatik der pontisch-bosporanischen Könige besonders wichtig die von Koehne herausgegebenen Mémoires de la société d'archéologie et de numismatique (Pétersbourg 1847—51), welche schätzbare Aufsätze von Koehne, Muralt, Sabatier, Sibirsky u. a. enthalten. Auf diese Vorarbeiten gestützt, gab Köhne in Petersburg im Jahre 1857 ein grofses und umfassendes Werk unter dem Titel Description du musée de feu le prince Kotchoubey etc. heraus, dessen zweiter Band die Münzen der pontischen und bosporanischen Könige enthält. Dieses Werk bietet eine Fülle von bisher unbekanntem oder mangelhaft publicirtem Material in genauen Abbildungen und Beschreibungen, doch gerade der bedeutende Umfang des Werkes macht es erklärlich, dafs manche Abschnitte desselben mit grofser Ungenauigkeit und Flüchtigkeit gearbeitet sind und deshalb einer kritischen Sichtung und Verbesserung bedürfen, wie dies die folgende kleine Abhandlung beweisen soll, deren erste und gröfsere Hälfte ich bereits vor einigen Monaten als lateinische Dissertation habe drucken lassen. Schliefslich sage ich meinem hochverehrten Lehrer, Herrn Professor Mommsen, welcher mich bei der Abfassung meiner Arbeit durch Notizen und Bemerkungen aufs Ausreichendste unterstützte, und Herrn Dr. Friedländer, welcher mir die Münzen und Münzabgüsse des Kgl. Museums bereitwilligst zur Benutzung überliefs, meinen aufrichtigen und ergebenen Dank.

Berlin, December 1865.

ALFRED VON SALLET.

Asander,

Archon, später König des Cimmerischen Bosporus 708/9—738/39.

Als der Sohn Mithradates des Grofsen, Pharnaces, König des Cimmerischen Bosporus, seinen Feldzug in Kleinasien begann, um die Provinzen des väterlichen Reiches wiederzugewinnen, hatte er im Bosporus seinen Feldherrn Asander als Statthalter zurückgelassen[1]. Sobald der König weit genug entfernt war, hatte sich Asander in der Hoffnung auf die Dankbarkeit der Römer gegen seinen König empört und zum Herrn des Bosporus aufgeworfen[2]. Pharnaces versuchte vergebens gegen den Usurpator zu Felde zu ziehen, denn schon rückte Cäsar heran und zwang dadurch den König zur Umkehr. Am 2. Sextilis (August) 707[3] wurde Pharnaces von Cäsar bei Zela besiegt und flüchtete mit wenigen scythischen und sarmatischen Reitern nach dem Bosporus. Er bemächtigte sich zwar der Städte Theudosia und Panticapaeum, wurde aber dort von Asander besiegt und in der Schlacht getödtet[4]. Die Ge-

---

[1] Dio 42. 46.
[2] Dio l. c.
[3] C. J. L. 324. Fischer röm. Zeittaf. 283.
[4] Dio 42. 47. Appian. Mithr. 120.

schichte Asanders, welcher nunmehr das bosporanische Reich beherrschte, ist kurz folgende: Cäsar ernannte den Mithradates von Pergamum, einen natürlichen Sohn des grofsen Mithradates, nachdem er ihm schon früher eine Tetrarchie in Galatien und den Königstitel verliehen[5]), zum Könige des Bosporus und trug ihm den Krieg gegen den Usurpator Asander auf[6]). Asander aber besiegte und tödtete den Mithradates[7]), heirathete die Tochter des Pharnaces, Dynamis[8]), um seiner Herrschaft den Schein der Legitimität zu geben und blieb von nun an unangefochten im Besitz des Bosporus. Nach einer Nachricht des Lucian[9]) führte er den Titel eines Ethnarchen und erhielt von Augustus den Königstitel, wir werden aber später aus den Münzen erfahren, dafs er den Titel Archon führte und bereits von den Triumvirn (den III·VIRI·R·P·C·) und zwar wahrscheinlich durch M. Antonius den Königstitel

---

[5]) Dio 42. 48.

[6]) Dio l. c. Hist. bell. Al. c. 78.

[7]) Strab. XIII. 4. 3.

[8]) Dio 54. 24. Dafs Asander die Dynamis erst nach der Besiegung des Pharnaces geheirathet, wird durch Appian's Nachricht (b. c. II. 91) wahrscheinlich, wo erzählt wird, dafs während der vergeblichen Unterhandlungen zwischen Cäsar und Pharnaces dieser dem Dictator seine Tochter ($τὴν\ Φαρνάκου\ θυγατέρα$) zur Gemahlin angeboten habe. In der historischen Uebersicht vor den bosporanischen Inschriften im C. J. G. II. p. 94 ist es so dargestellt, als ob Asander schon beim Beginn von Pharnaces' Feldzug dessen Schwiegersohn gewesen wäre. Allerdings steht die Identität dieser Tochter des Pharnaces mit Dynamis nicht absolut fest.

[9]) Lucian. macrob. 17.

erhielt[10]). Nach einer langen Regierung, während welcher Asander den Isthmus der Krim im Maeotischen Meer befestigte und wie sein Vorgänger Pharnaces und sein Nachfolger Polemo I. bis zum Tanais vordrang[11]), empörte sich gegen ihn ein Abentheurer Namens Scribonius, welcher sich für den Enkel des grofsen Mithradates ausgab, und Asander, der bei der Empörung unterlag, starb in seinem vierundneunzigsten Jahre den freiwilligen Hungertod[12]). Der siegreiche Empörer Scribonius heirathete Asanders Wittwe und Erbin Dynamis, wurde aber bald von den Bosporanern getödtet, als M. Agrippa, der den pontischen König Polemo gegen den Usurpator vorausgeschickt hatte, im Jahre 740 mit einem Heere heranzog, aber noch nicht Sinope erreicht hatte. Der Bosporus wurde darauf an Polemo, den König von Pontus, gegeben, welcher nun wie seine beiden Vorgänger die Dynamis heirathete, um durch die Verbindung mit der Enkelin des Mithradates Eupator und Tochter des Pharnaces seine ihm von Augustus und Agrippa verliehene Herrschaft als eine legitime erscheinen zu lassen[13]). So ist uns Asanders Geschichte durch die Schriftsteller überliefert.

Wir besitzen eine ansehnliche Reihe von Münzen Asanders von Gold und Erz, deren erstere besonders durch

---

[10]) Eckhel Doctr. num. II. 368. Bei Eckhels Beweisführung über das erste Regierungsjahr Asanders ist allerdings nur das Resultat richtig, nicht aber die einzelnen Argumente.

[11]) Strab. VII. 4. 6 und XI. 2. 11.

[12]) Lucian. l. c.

[13]) Dio 54. 24.

ihre Aufschrift und ihre die Regierungsjahre des Archon und Königs bezeichnenden Daten von großem Interesse sind. Köhler war der erste, welcher die Münzen Asanders kritisch zusammenstellte und besprach, doch sind nach ihm noch mehrere andere datirte Goldmünzen dieses Königs zum Vorschein gekommen, welche der Chronologie von Asanders Herrschaft eine etwas andere Gestalt geben [14]). Die letzte ausführliche Besprechung von Asanders Münzen und der daraus gefolgerten Chronologie giebt Köhne in seinem Musée Kotchoubey (II. 160 ff.). Da nach dieser letzten Bearbeitung die Daten der Münzen große Schwierigkeiten darbieten, welche durch eine später zu erwähnende, ebenfalls datirte Goldmünze der Königin Dynamis noch vermehrt werden, ja da die Münzdaten Asanders mit den Nachrichten des sonst so zuverlässigen Dio nach der von Köhne gegebenen Zusammenstellung geradezu im Widerspruch stehen, scheint es der Mühe werth, das Verhältniß der Münzdaten Asanders zu den Nachrichten der Schrift-

---

[14]) Köhler, Serapis Bd. II. 71 ff. (neue Ausgabe von Stephani. Petersburg 1851.) Köhler nimmt richtig an, daß Asanders Herrschaft frühestens im Jahr 707 begonnen haben kann. Ihm waren Archonmünzen mit den Regierungsjahren 2, 3, 8 und Königsmünzen aus den Jahren 4—25 bekannt, das ist nach seiner Annahme aus den Jahren 707—740, welches letztere Jahr nach seiner und seiner sämmtlichen Vorgänger und Nachfolger Ansicht Asanders Todesjahr ist. Die späteste jetzt bekannte Königsmünze Asanders zeigt aber die Jahreszahl 29, ginge also über das Jahr 740, unter welchem Dio 54. 24 Asanders Tod erzählt, weit hinaus; daher ist Köhlers Chronologie der Herrschaft Asanders natürlich unrichtig. Ueber die Archonmünze mit dem Jahre 8 vergl. weiter unten.

steller etwas genauer und eingehender zu betrachten und aus der Vergleichung der sichern Monumente und der Schriftstellernotizen eine möglichst genaue Chronologie der Herrschaft Asanders im Bosporus herzustellen.

Die Typen der Münzen des Asander sind folgende:

I. Asander als Archon.

1. Av. Kopf des Asander, rechtshin.
   Rv. Nike, mit einem Kranz in der erhobenen Rechten und einem Palmzweig in der Linken auf einem Schiffsschnabel stehend. ΑΡΧΟΝΤΟΣ · ΑΣΑΝΔΡΟΥ · ΒΟΣΠΟΡΟΥ· Im Felde oben rechts Jahreszahl, links oben ΕΤ oder ΤΘ; neben der Nike oder unten Monogramme oder einzelne Buchstaben[15]).

   AV. 4. Stateren.

2. Av. Kopf des Asander (oder des Apollo?), Kopf der Nike oder behelmter Kopf rechtshin.
   Rv. Schiffsschnabel · ΑΡΧΟΝΤΟΣ · ΑΣΑΝΔΡΟΥ·

   Æ. 5, 6, 7.

Diese Kupfermünzen sind nicht datirt und offenbar in grofser Eile, also wohl in der ersten Zeit von Asanders Archontat geschlagen und sind sämmtlich Ueberprägungen griechischer Autonommünzen jener Gegend[16]).

---

[15]) Ueber den in Dresden befindlichen Silberabgufs eines wahrscheinlich ächten, aber sonst leider unbekannten Originals vergl. weiter unten.

[16]) Koehne Mus. Kot. II. 160 ff. Der Kopf der Kupfermünzen hat das sonst dem Apollo eigenthümliche lang herabwallende Haar, da aber Asanders Goldmünzen, besonders die Königsmünzen eine

II. Asander als König.

Av. Kopf Asanders mit Diadem rechtshin, bisweilen von recht guter Fabrik.

Rv. Wie die Goldmünzen aus dem Archontat. Aufschrift: ΒΑΣΙΛΕΩΣ · ΑΣΑΝΔΡΟΥ· Im Felde Jahreszahl ohne ΕΤ und bisweilen Monogramme.

AV. 4. Stateren.

Zu einer genaueren Besprechung der datirten Goldmünzen ist es nun durchaus nöthig, dafs ich zunächst die chronologische Tabelle der bis jetzt bekannten Münzen Asanders nach Koehne's letzter Zusammenstellung gebe und

---

ähnliche, wenn auch etwas freiere Haartracht zeigen und der Kopf der Kupfermünzen überdies dem Kopfe der goldenen Archonmünzen ähnelt, so können wir denselben wohl mit mehr Wahrscheinlichkeit für Asanders, als für Apollos Kopf erklären. — Die von Köhler (Serapis II. 73 f.) angeführten und beschriebenen Münzen No. 12, 17, 18, 20, 22 gehören dem Asander nicht zu; vgl. Mionnet II. 363. No. 29. und Suppl. IV. 474. No. 43 und Koehne Mus. Kot. II. 159. — No. 17 bei Köhler mit Ammonskopf und curulischem Sessel und mit der Aufschrift ... ΔΡΟΥ und Η — angeblich Jahreszahl — gehört dem Proconsul Lollius von Cyrenaica an: Das ΔΡΟΥ sind die vier letzten Buchstaben von ΛΟΛΛΙΟΥ, das Η ist, wie andere Buchstaben auf ähnlichen Münzen, keine Jahreszahl. Vgl. Müller Numismatique de l'anc. Afrique I. 153. No. 383.—390 mit Abb. und p. 161. Die im Catalog der Bentinckschen Sammlung und danach von Koehne als unzuverlässig und zweifelhaft beschriebene Münze: Av. Kopf mit Lorbeerkranz. Rv. Dreifufs. Aufschrift: ΒΑΣΙΛΕΩΣ · ΑΣΣΑΝΔΡΟΥ ist die bekannte und gewöhnliche Kupfermünze Kassanders von Macedonien!

nach derselben Jahr für Jahr die Zuverlässigkeit der einzelnen Daten untersuche:

Asander, Archon.

Jahre des Archontats.	Jahre Roms.	Goldmünzen.
B	705	Mionn. Suppl. IV. 471. 27.
Γ	706	Cabinet Ouvaroff.
Δ	707	Mionn. ibid. 26.
Z	710	Cabinet de Vienne.
H	711	Mionn. II. 363. 23.

Asander, König.

Jahre der Herrschaft.	Jahre Roms.	Goldmünzen.
Δ	714	Mionn. Suppl. IV. (473) 27 (soll 37 heifsen).
Ϛ [17])	716	Mionn. S. IV. 28 (soll 38 heifsen).
Z	717	Mion. II. 25 (p. 363).
H	718	Mionn. S. 42 (p. 473).
I	720	Collection Kotchoubey.
BI	722	Sestini class. gen. p. 61.
ΔI	724	Mionn. II. 26 (p. 363).
ϚI	726	Mionn. II. 27 (p. 363).
ZI	727	Mionn. S. IV. 39 (p. 473).
ΓK	733	Ermitage (St. Petersburg) Cab. de France Mionn. II. 28 (p. 363).
EK	735	Mionn. S. IV. 40 (p. 473).
ZK	737	Cab. Pérovsky.
HK	738	Brit. Mus. (coll. Thomas cat. No. 1740).
ΘK	739	Brit. Mus. Cab. Sibirsky.

---

[17]) Die Gestalt des Ϛ auf den Münzen Asanders ist diese: ⊏.

Nach dieser Tabelle Köhne's besitzen wir also Münzen des Asander als Archon aus den Jahren 2—8, als König von 4—29; die Jahre seines Archontats hätte hiernach Asander, als er den Königstitel erhielt, nicht fortgezählt, sondern als König wieder vom Jahre 1 angefangen. Sehen wir nun wie sich diese Münzdaten zu den Nachrichten der Schriftsteller verhalten. Wir haben sowohl über den Anfang als über das Ende der Herrschaft Asanders bestimmte Notizen bei Dio, aus denen hervorgeht, daſs die von Köhne neben die Jahreszahlen der Münzen gesetzten Jahre Roms den Münzdaten unmöglich entsprechen können. Vor dem Jahre 706, in welchem Cäsar's Landung in Illyrien stattfand, konnte Pharnaces unmöglich an den Beginn seines Feldzuges in Kleinasien denken, denn der Orient war in den Händen des Pompejus. Erst als sich das Glück gegen Pompejus wendete, also wahrscheinlich erst nach der Schlacht bei Pharsalus mag er seinen Eroberungszug begonnen haben. Dio[18]) sagt darüber: Φαρνάκης ... ἐπιϑυμήσας δὲ πᾶσαν τὴν πατρῴαν βασιλείαν ἀνακτήσασϑαι ἐπανέστη κατ' αὐτὴν τήν τε τοῦ Καίσαρος καὶ τὴν τοῦ Πομπηίου στάσιν, καὶ .... τῶν Ῥωμαίων τότε μὲν πρὸς ἀλλήλους ἀσχόλων γενομένων, αὖϑις δὲ ἐν τῇ Αἰγύπτῳ κατασχεϑέντων, τήν τε Κολχίδα ἀκονιτὶ προςηγάγετο κ. τ. λ. Ueber den Zeitpunkt von Asanders Aufstand spricht Dio an einer anderen Stelle[19]): τοῦτ' οὖν — τὸν Ἄσανδρον νε-

---

[18]) Dio 42. 45.

[19]) Dio 42. 47. Ganz übereinstimmend damit berichtet Appian (Mithr. 120): Φαρνάκης ... καὶ Σινώπην εἷλε καὶ Ἀμισὸν ἐνϑυμιζόμενος καὶ Καλουίνῳ στρατηγοῦντι ἐπολέμησεν ᾧ χρόνῳ Πομπήιος καὶ

νεωχμωκότα — ὁ Φαρνάκης ἀκούσας ὥρμησεν ἐπ᾽ αὐτὸν μάτην· τὸν γὰρ Καίσαρα ἐν τῇ ὁδῷ εἶναι καὶ ἐς τὴν Ἀρμενίαν ἐπείγεσθαι πυθόμενος ἀνέστρεψε κἀνταῦθα αὐτῷ περὶ Ζέλειαν συνέτυχεν; wir können also den Anfang von Asanders Herrschaft frühestens in das Jahr 706, wahrscheinlich aber erst 707 setzen. Zählen wir nun also vom frühesten Termin 706, so fällt das letzte Jahr von Asanders Regierung, das 36. und zugleich 29. seiner Königsherrschaft — denn die 8 Archontenjahre sind besonders zu rechnen, wobei das achte Archontenjahr zugleich das erste Königsjahr sein könnte, — in das Jahr 741. Dio erzählt aber bereits unter dem Jahr 740[20]) den Tod Asanders und die Einsetzung Polemo's zum Könige des Bosporus. Wir haben also schon hier eine scheinbar unlösbare Schwierigkeit. — Sehr auffallend ist ferner die Art der Datirung jener Münzen. Allerdings war ja Asander durch die Ernennung zum Könige in seiner Würde erhöht worden, aber dies erklärt es nicht, daſs er nach achtjährigem Archontat seine Regierungsjahre als König nun wieder von eins an gezählt haben sollte; ja dies wird noch unerklärlicher, wenn man die Aufschrift seiner Archonmünzen mit den Inschriften früherer bosporanischer Könige vergleicht. Auf Asanders Goldmünzen steht: ΑΡΧΟΝΤΟΣ· ΑΣΑΝΔΡΟΥ· ΒΟΣΠΟΡΟΥ· und gerade dies ist auch der häufigere Titel der früheren nicht achaemenidischen

---

Καῖσαρ ἐς ἀλλήλους ᾖσαν, ἕως αὐτὸν Ἄσανδρος ἐχθρὸς ἴδιος, Ῥωμαίων οὐ σχολαζόντων, ἐξήλασε τῆς Ἀσίας. Unter Ἀσία ist natürlich Kleinasien zu verstehen.

[20]) Dio 54, 24.

Könige des Bosporus auf ihren Inschriften; der Titel eines Königs des Bosporus kommt nicht vor. Die Inschriften lauten:

1. ΑΡΧΟΝΤΟΣ · ΣΠΑΡΤΟΚΟΥ ΤΟΥ · ΕΥΜΗΛΟΥ · [21])
2. ΑΡΧΟΝΤΟΣ · ΠΑΙΡΙΣΑΔΟΥΣ · ΤΟΥ · ΛΕΥΚΩΝΟΣ ΒΟΣΠΟΡΟΥ · ΚΑΙ · ΘΕΥΔΟΣΙΗΣ · ΚΑΙ · ΒΑΣΙΛΕΥΩΝ [22]) ΣΙΝΔΩΝ · ΚΑΙ · ΤΟΡΕΤΩΝ · ΚΑΙ · ΔΑΡΔΑΝΙΩΝ ·
3. Inschrift desselben Königs mit demselben Titel und mit Hinzufügung von ΣΙΝΔΩΝ · ΚΑΙ · ΜΑΙΤΩΝ · ΠΑΝΤΩΝ ·
4. Ebenso mit Hinzufügung von ΘΑΤΕΩΝ.
5. ΑΡΧΟΝΤΟΣ · ΣΠΑΡΤΟΚΟΥ · ΤΟΥ · ΕΥΜ*ήλου* ΚΑΙ · ΒΑΣΙΛΕΥΟΝΤΟΣ · [23])
6. ΑΡΧΟΝΤΟΣ · ΠΑΙΡΙΣΑΔΕΟΣ · ΒΟΣΠΟΡΟΥ · ΚΑΙ · ΘΕΥΔΟΣΙΗΣ ΚΑΙ · ΒΑΣΙΛΕΥΟΝΤΟΣ · ΣΙΝΔΩΝ · ΜΑΙΤΩΝ · ΟΑΤΕΩΝ · ΛΟΣΧΩΝ · [24])

Neben diesem Titel ἄρχων oder ἄρχων βοσπόρου καὶ Θευδοσίης καὶ βασιλεύων Σίνδων etc. kommt aber auf Inschriften auch βασιλεύων ohne specielle Bezeichnung der Provinzen allein vor:

---

[21]) C. J. G. No. 2106.
[22]) So irrthümlich für βασιλεύοντος.
[23]) C. J. G. No. 2117—2120.
[24]) Koehne Mus. Kot. II. p. 23.

1. ΑΝΕΘΗΚΕ · ΒΑΣΙΛΕΥΟΝΤΟΣ
ΣΠΑΡΤΟΚΟΥ · ΕΥΜΕΝΟΥ · (soll ΕΥΜΗΛΟΥ
heifsen).
2. ΒΑΣΙΛΕΥΟΝΤΟΣ · ΠΑΙΡΙΣΑΔΟΥ · ΤΟΥ ·
ΣΠΑΡΤΟΚΟΥ·[25])

Da also bei den Vorgängern Asanders das ἄρχων βοσπόρου und βασιλεύων von denselben Königen neben einander gebraucht wird, war die Ernennung Asanders zum Könige keineswegs eine so bedeutende Standeserhöhung, dafs er dadurch hätte veranlafst werden können, wieder vom Regierungsjahr eins anzufangen.

Die dritte Schwierigkeit bietet eine Goldmünze der Gemahlin Asanders und Tochter des Pharnaces, Dynamis:

Av. Brustbild der Königin mit Diadem, rechtshin.
Rv. Mondsichel, darüber Stern.
ΒΑΣΙΛΙΣΣΗς ΔΥΝΑΜΕΩΣ · ΑΠΣ.
AV. 4. Stater[26]).

Diese Münze, deren Rückseite das bekannte achämenidische Wappen, Sonne und Mond[27]), zeigt, ist datirt und

---

[25]) C. J. G. No. 2105 und 2107. Die Chronologie der vorachaemenidischen Könige des Bosporus ist bekanntlich ziemlich unsicher. Paerisades, des Spartocus Sohn ist der zweite König dieses Namens.

[26]) Das einzige bekannte Exemplar dieser Münze ist abgebildet bei Koehne Mus. Kot. II. 156.

[27]) Dasselbe findet sich auch auf einer dem Eubiotos aus dem Spartokidengeschlecht zugeschriebenen Münze bei Koehne Mus. Kot. II. 45. Ueber seine Bedeutung auf Münzen Juba des Zweiten von Mauritanien und seiner Gemahlin Cleopatra Selene siehe Eckhel. D. N. IV. 159.

zwar vom Jahre ΑΠΣ, 281. Dies Datum gehört der pontischen, oder richtiger der achämenidischen Aera an, welche im Herbst des Jahres 457 beginnt[28]). Das Jahr 281 reicht also vom Herbst 737 bis zum Herbst 738. Also hätte Dynamis noch während der Regierung ihres Gemahls Asander selbständig als Königin mit diesem Titel Münzen geprägt und sich noch dazu einer andern Datirungsweise bedient als ihr Gemahl, welcher auf den Münzen nicht nach der ächämenidischen Aera, sondern nach den Jahren seiner Regierung rechnete. Dies ist aber völlig undenkbar. Die Münze der Dynamis kann also nicht mehr zu Lebzeiten Asanders geprägt sein; Asander wäre daher schon 737/38 gestorben. Dies widerspricht aber wiederum zunächst der Koehneschen Münztabelle und auch der als sicher geltenden Annahme, dafs Asander nach Dio's Nachricht erst 740 gestorben sei. Sehen wir nun vorläufig von der Münzreihe ab und betrachten wir die Worte, welche Dio unter dem Jahre 740 über Asanders Tod sagt, etwas genauer[29]): Σκριβώνιος γάρ τις τοῦ τε Μιθραδάτου ἔγγονος εἶναι καὶ παρὰ τοῦ Αὐγύστου τὴν βασιλείαν, ἐπειδήπερ ὁ Ἀσανδρος ἐτεθνήκει, εἰληφέναι λέγων, τὴν γυναῖκα αὐτοῦ Δύναμίν τε καλουμένην καὶ τὴν ἀρχὴν παρὰ τοῦ ἀνδρὸς ἐπιτετραμμένην — ἡ τοῦ τε Φαρνάκου θυγάτηρ καὶ τοῦ Μιθραδάτου ἔγγονος ἀληθῶς ἦν — ἠγάγετο καὶ τὸν Βόσπορον διὰ χειρὸς ἐποίει. Πυθόμενος οὖν ταῦτα ὁ Ἀγρίππας τὸν Πολέμωνα τὸν τοῦ Πόντου . . . βασιλεύοντα ἔπεμψε·

---

[28]) Eckhel D. N. II. 381 f.
[29]) Dio 54. 24.

καὶ ὃς Σκριβώνιον μὲν οὐκέτι περιόντα κατέλαβε. Μαθόντες γὰρ οἱ Βοσπόριοι … τὴν ἐπιβουλὴν αὐτοῦ προαπέκτειναν αὐτόν …. οὕτω δὲ τά τε ὅπλα κατέθεντο καὶ τῷ Πολέμωνι παρεδόθησαν. — Aus diesen Worten des Dio haben Eckhel, Visconti und ihre Nachfolger[30]) sämmtlich herausgelesen, dafs Asander im Jahr 740 gestorben sei und dafs der Aufstand des Scribonius, Asanders Tod und die Einsetzung Polemo's durch Agrippa zusammen in dasselbe Jahr fielen. Bei Dio steht aber nur, dafs die Ernennung Polemo's zum Könige des Bosporus in diesem Jahre stattfand, Scribonius' Aufstand und Asanders Tod berichtet er als etwas früher Geschehenes ohne Angabe der Zeit. Ja aus dem Zusatze: ἐπειδήπερ ὁ Ἄσανδρος ἐτεθνήκει … τὴν Δύναμιν … τὴν ἀρχὴν παρὰ τοῦ ἀνδρὸς ἐπιτετραμμένην scheint sogar hervorzugehen, dafs Dynamis bereits einige, wenn auch noch so kurze Zeit selbständig geherrscht habe, ehe sie den Empörer Scribonius heirathete. Mit Dio's Nachricht stimmt also die Münze der Dynamis als selbständige Königin aus dem Jahre 737/38 vollständig überein und hiernach wäre Asander nicht 740, sondern schon vorher,

---

[30]) Eckhel D. N. II. 307. Visconti Iconogr. gr. II. 191. Boeckh C. J. G. II. 94. Koehler Serapis II. 80. Koehne Mém. de St. Pétersb. VI. 240 und Mus. Kot. II. 163 etc. Nur Mommsen scheint Asanders Tod im Jahr 737/38 vermuthet zu haben, denn er nennt die Dynamis „Wittwe und Erbin Asanders"; so kann man sie aber nur nennen, wenn ihre Münze vom Jahr 737/38 nach Asanders Tode geprägt ist, sonst wäre sie selbständige Herrscherin bei Lebzeiten ihres Gemahls gewesen. Vgl. Mommsen Gesch. d. röm. Münzwes. 702 Anm.

spätestens aber im Jahre 737/38, 281 der achämenidischen Aera, welches im Herbst 738 aufhörte, gestorben, Dynamis hätte nach seinem Tode als Königin Münzen nach der Aera ihrer Vorfahren geprägt, dann sich mit Scribonius, dem vorgeblichen Enkel Mithradates des Grofsen vermählt und mit ihm bis zu seiner Ermordung im Jahre 740 geherrscht. — Aber dieser Annahme widerspricht die Köhnesche Münzreihe, welche, wie oben gesagt, bis zum Jahre 741 geht. Das Verhältnifs dieser Münzdaten zu den Schriftstellernotizen und der Münze der Dynamis vom Jahre 737/38 ist also folgendes:

I. Asander, welcher auffälligerweise (vgl. die Inschriften seiner Vorgänger Paerisades und Spartocus) die Jahre seines Archontats und die seiner Königsherrschaft besonders zählt, hat nach den auf seinen Münzen befindlichen Regierungsdaten mindestens 36 Jahre regiert. Der Anfang seiner Herrschaft vor 706 ist unmöglich. Hiernach ist Asander frühestens 741 gestorben. Dio erzählt aber bereits unter dem J. 740 den Tod Asanders als etwas schon geschehenes.

II. Die Goldmünze von Asanders Gemahlin Dynamis, der Tochter des Pharnaces, mit der Jahreszahl 281 der Achämenidenaera = 737/38, mit dem Titel und Abzeichen einer Königin und dem Achämenidenwappen macht es wahrscheinlich, dafs Dynamis in diesem Jahr bereits als selbständige Königin regiert habe und dafs Asander 737/38 gestorben sei.

Hieraus ergiebt sich also, dafs die Daten von Asanders Münzen mit den Schriftstellernotizen mindestens um ein Jahr, mit einem den Schriftstellern keineswegs widersprechenden unzweifelhaften[31]) Monument mindestens um zwei Jahre differiren. Wir wollen nun versuchen, ob sich diese Widersprüche nicht erklären oder lösen lassen, und daher die Münzen Asanders etwas genauer untersuchen. Die älteste Münze aus Asanders Archontat ist folgende aus dem zweiten Jahre der Herrschaft:

Rv. Oben links ET, rechts oben über dem Lorbeerzweig B, im Felde Φ und ein Monogramm oder ein Buchstabe, wie es scheint Δ.   AV. 4[32]).

Dies jetzt in der Pariser Sammlung befindliche Exemplar stimmt mit der folgenden mir im galvanoplastischen Abdruck vorliegenden Münze aus Petersburg (Koehne „Cab. Ouvaroff") mit dem Jahr Γ, in Stellung der Daten vollkommen überein:

Rv. Links oben TϿ, rechts oben über dem Lorbeerzweig Γ. Im Felde links Δ oder A.   AV. 4[33]).

---

[31]) Dafs, wie Koehne richtig bemerkt, das A in der Jahreszahl, AΠΣ auf der Münze der Dynamis eher die Gestalt des Λ hat, ist natürlich nur Schuld der rohen Fabrik jener Münze. Auch auf Asanders Münzen sind die Buchstaben oft sehr ungeschickt und verzogen.

[32]) Mionnet S. IV. 471. 27. Köhler Serapis II. 71. 2. Wiczay Mus. Hederv. XIX. 425. Sestini Mus. Hederv. II. 20. 1. Siehe die beigegebene Tafel No. 1 nach der Pariser Schwefelpaste gezeichnet. Hinter dem gut gearbeiteten und von den andern Köpfen Asanders sehr verschiedenen Kopfe dieser Münze erscheint ein undeutlicher, einer Lanzenspitze ähnlicher Gegenstand. Ein Stempelfehler kann es nicht wohl sein.

[33]) Mionnet S. IV. 471. 26. Auf der Abbildung des Wiener Exemplars bei Köhler, Serapis II. Taf. 8. 2 ist das Ͽ in TϿ irr-

Ein anderes Exemplar dieser Münze, nach Vergleichung der Abdrücke aus demselben Stempel befindet sich im Kaiserl. Museum zu Wien. Dasselbe hat das Γ etwas deutlicher als das Petersburger Exemplar. Aus der Vergleichung dieser mit der vorigen Münze ergiebt sich auch mit Sicherheit, daſs nur der rechts oben stehende Buchstabe Jahreszahl ist, nicht aber das Α oder Δ der Wiener und Petersburger Münze, denn an derselben Stelle, an der auf diesen Münzen Α oder Δ steht, hat das Pariser Exemplar Φ, was keine Jahreszahl sein kann. Auch sind diese links neben der Nike stehenden Buchstaben gröſser als die Buchstaben in ЄΤ und das rechts stehende Β oder Γ. Daſs in der Jahresbezeichnung das runde Є, in der Legende aber das Ε quadratum angewendet wird, ist bekanntlich häufig; auch die rückläufige Schreibung ΤƎ auf dem Wiener und Petersburger Exemplar ist nichts Auffallendes, da auf Asanders Königsmünzen die Zahl ΙΖ ebenfalls rückläufig ΖΙ geschrieben wird[34]).

Es folgt auf diese Münzen aus dem zweiten und dritten Jahr von Asanders Archontat in Koehne's Tabelle eine Münze des folgenden Jahres Δ. Dafür ist citirt Mionnet Suppl. IV. 470 No. 26. Das ist aber die vorige in Petersburg und Wien befindliche Münze mit ΤƎ · Γ· Irrthümlich hat man den im Felde stehenden groſsen Buchstaben Δ oder Α als Jahreszahl genommen, was, wie ich eben be-

---

thümlich Ǝ gezeichnet. Auch ist das Γ auf dem Original viel deutlicher, als auf der Abbildung. Siehe unsere Abbildung No. 2 nach dem galvanoplastischen Abdruck des Petersburger Exemplars.

[34]) Auf einem Exemplar des Kgl. Museums zu Berlin.

merkte, nach Analogie der Münze des Jahres B unmöglich richtig sein kann. Die nächste Münze in Koehne's Tabelle ist ein Goldstück des Jahres Z mit dem Zusatz „Cab. de Vienne." Diese von Koehne im Text vor der Tabelle nicht mit angeführte Münze[35]) existirt aber weder in Wien noch anderswo und ist offenbar irrthümlich hineingesetzt; vielleicht liegt eine Verwechslung mit der in mehreren Exemplaren bekannten Königsmünze des Jahres Z vor. Die folgende und letzte Archonmünze der Koehneschen Tabelle trägt das Datum H. Dafür ist citirt Mionnet II. 363. No. 23. Mionnet hat aber diese Münze nicht selbst gesehen, sondern kennt sie, wie seine Vorgänger und Nachfolger nur aus Vaillant[36]), welcher dieselbe in vier- bis fünffacher Vergröfserung, und zwar auch nicht nach dem Original, das er ebenfalls nicht gesehen, sondern, wie die beigegebene Notiz besagt: ex picturis Rudolphi (II.) imperatoris abgebildet hat. Auf der Rückseite dieser Abbildung steht die Nike statt auf der Prora auf einem schmalen Stück Fufsboden[37]), die angebliche Jahreszahl H steht rechts oben so dicht am Kugelrand — den beiläufig gesagt diese Münzen gar nicht haben, — dafs ein kleiner Theil des H vom Kugelrand verdeckt wird; ЄT, welches auf den andern Archonmünzen steht, fehlt auf dieser Abbildung gänzlich. Es scheint nun allerdings ein der Vaillant-

---

[35]) Koehne Mus. Kot. II. 160. Daselbst sind nur die Archonmünzen mit B, I (soll Γ heifsen), Δ und H aufgeführt; Z fehlt.

[36]) Vaillant Arsacid. imp. II. 212.

[37]) Im Text sagt Vaillant freilich richtig: victoria prorae insistens.

schen Abbildung ähnliches goldenes Original zu existiren oder existirt zu haben, auf welchem das ЄΤ ebenfalls fehlt. Im Kgl. Museum zu Dresden befindet sich nämlich eine bereits von Cary [38]) schlecht abgebildete und beschriebene Silbermünze des Archon Asander mit den gewöhnlichen Typen, auf deren Rückseite jedoch ЄΤ fehlt und statt der Jahreszahl über dem Lorbeerzweig das deutliche Monogramm ⟨Ⱶ⟩ zu lesen ist. Die Münze ist gegossen, aber wie es mir nach Form der Typen und Buchstaben scheint, nach einem ächten, jedenfalls also goldenen Original. Ein ähnliches war nun vielleicht das von Vaillant nach Kaiser Rudolph's Zeichnung abgebildete Exemplar. Wir hätten demnach aufser den beiden sicheren datirten Goldmünzen des Archon Asander wahrscheinlich noch eine dritte undatirte, dann dafs in dem Monogramm ⟨Ⱶ⟩ keine Jahreszahl enthalten sein kann, versteht sich von selbst, und andere Nebenbuchstaben sind auf der Dresdener Münze nicht vorhanden. Doch wenn auch, was ich sicher glaube, ein ächtes goldenes Original des Dresdener Silberabgusses existirt, so bleibt die Unzuverlässigkeit der Vaillant-Rudolph'schen Abbildung ganz dieselbe, ja die Möglichkeit der Existenz einer Münze mit der Jahreszahl Η — der einzigen, welche, wie wir später sehen werden, die besprochenen, in der Nichtübereinstimmung der Münzdaten mit Asanders Geschichte nach den Schriftstellern beruhenden Schwierigkeiten macht — wird durch den Dresdener

---

[38]) Cary, histoire des rois du Bosphore Pl. I. No. 4; auf dieser völlig unrichtigen Abbildung sind statt des Monogramms die Buchstaben Χ Η mit weitem Zwischenraum unter einander gestellt.

Abguſs, wie mir scheint, völlig aufgehoben. Wir können also das Datum H, welches nur auf dieser einen vom Kaiser Rudolph gezeichneten und danach bei Vaillant so schlecht abgebildeten, später nie mehr zum Vorschein gekommenen Münze angeblich stand und wahrscheinlich nur der untere Theil des aus X und H zusammengesetzten Monogramms ist, als ganz unzuverlässig ohne Bedenken streichen. Wir besitzen demnach nicht eine Münzreihe des Archon Asander mit den Jahreszahlen B, Γ, Δ, Z, H, welche Köhne alle anführt, sondern nur sichere Münzen der Jahre B und Γ und vielleicht eine undatirte mit dem aus X und H zusammengesetzten, der Bedeutung nach natürlich unbekannten Monogramm und zwar von der ersten Münze ein, von der zweiten zwei Exemplare aus demselben Stempel, von der dritten undatirten aber nur den Dresdener Silberabguſs.

Weit häufiger, als die Archonmünzen, sind die Königsmünzen Asanders. Bei diesen steht die Jahreszahl nicht wie bei den ersteren rechts oben, sondern links neben der Nike[39]); einige haben das Monogramm ⍒, welches

---

[39]) Auf zwei Münzen des Mus. Hederv. (Wiczay) Taf. XIX. 426 u. 427 und pag. 186 (s. unsere Abb. No. 3) steht an dieser Stelle statt der Jahreszahl die nach der Abbildung etwas undeutliche, sonderbare Beischrift NIKA. Es ist dies aber gewiſs nichts anderes als eine senkrecht stehende Jahreszahl, wie die Pariser Schwefelpaste (s. unsere Abb. No. 4) mit KE beweist, welches von einem ungeübten oder mit Phantasie begabten Auge sehr wohl NIK, und bei irgend welcher Unebenheit hinter E auch NIKA gelesen werden kann. Welche unglaublichen Dinge in dieser Be-

sich auch als Gegenstempel auf Silbermünzen von Chersonesus findet[40]). Fast sämmtliche von Koehne angeführten Münzen des Königs Asander sind gut verbürgt; nur das Stück mit H, eine gegossene Kupfermünze mit dem lorbeerbekränzten Kopfe des Königs ist falsch und kann des Lorbeerkranzes wegen wohl kein Abguſs einer ächten Goldmünze sein, wie Mionnet glaubt[41]). Das Datum IZ ist, wie ich schon oben bemerkte, ebenso wie das ET auf den Archonmünzen einmal rückläufig geschrieben[42]).

Nach Beseitigung der nicht existirenden und ganz unzuverlässigen Münzen Asanders ergiebt sich also folgende chronologische Münztabelle:

---

ziehung geschehen, ist dem Numismatiker aus den Schriften Sestini's bekannt, der z. B. auf einer gänzlich inschriftlosen Münze des Kgl. Museums zu Berlin die Aufschrift ΚΛΑΣ herausgelesen hat. Die Buchstaben auf Asanders Münzen sind jedoch, wie gesagt, so ungenau und verzogen, daſs der Irrthum zwar nicht verzeihlich, aber doch erklärlich ist.

[40]) Köhne Mus. II. 165.
[41]) Mionn. Suppl. IV. 474. 42.
[42]) Bei Vaillant Arsacid. et Achaem. imp. II. 214 ist noch eine Münze des Königs Asander abgebildet. Die Buchstaben, welche die Jahreszahl enthalten könnten, sind auf der schlechten Abbildung sinnlos: Π/ΛΛΛ. Statt Π steht im Text bei Vaillant Ξ. Diese Buchstaben oder Monogramme sind natürlich falsch gelesen. Bei Gesner (Num. reg. Arsacid. tab. III. 4) ist dieselbe Münze nach Vaillant mit dem Zusatz eines liegenden hinzuerfundenen A: ⊳ abgebildet.

Asander als Archon.

Jahr.	
B	Pariser Sammlung.
Γ	Petersburg (Ouvaroff) und Wiener Sammlung.
undatirt.	Silberabgufs in Dresden.

Asander als König.

Jahr.	
Δ	Mionnet Suppl. IV. 473. 37. Köhler Serap. II. 73. 14. Wiener Sammlung.
Ϛ	Mionn. l. c. No. 38. Köhler l. c. No. 15. Münchener Sammlung.
Z	Mionn. II. 363. 25. Pellerin Suppl. III. 3. Köhler l. c. No. 16. Petersburg.
I	Petersburg (Kotchoubey).
BI	Sestini class. gen. p. 61.
ΔI	Mionn. II. 363. 26. ⎫ Pellerin l. c. Par. Samml.
ϚI	Mionn. II. 363. 27. ⎭
IZ	Mionn. Suppl. IV. 473. 39. Berliner Sammlung.
IH	Schwefelabgufs von Odelli in Rom.
ΓK	(Mionn. II. 363. 28. Par. Samml.) Petersburg[43]).
KE	Mionn. Suppl. IV. 473. 40. Goldmünze u. Bleiabgufs in Paris.
ZK	Petersburg (Perovsky).
HK	Brit. Museum (Thomas).
ΘK	Brit. Museum. Petersburg (Sibirsky). Meynaerts revue belge III. 1. 1.

---

[43]) Bei Köhler (Ser. II. Taf. VIII. 12) ist der Bleiabgufs einer Goldmünze mit KE abgebildet, was Mionnet irrthümlich ΓK gelesen (Mionn. II. 363. 28). Dasselbe Datum oder doch ein anderes, ähnliches aus den zwanziger Jahren haben wahrscheinlich auch die oben (Anm. 39) angeführten Münzen des Mus. Hederv. Taf. XIX. 426. 427.

Wir haben demnach sichere Münzen Asanders als Archon aus den Jahren zwei und drei, als König aus den Jahren vier bis neunundzwanzig. Hieraus ergiebt sich denn nun folgendes Resultat: die schon an sich unwahrscheinliche Annahme, daſs Asander, als er den Königstitel erhielt, wieder vom Jahre eins zu zählen angefangen und daſs er im vollständigen Widerspruch mit allen Schriftstellernotizen und dem einzigen erhaltenen bezüglichen Monument — der Münze der Dynamis — mindestens 36 Jahre regiert habe, beruht lediglich auf den beiden Archonmünzen Asanders mit den Jahren Z und H, von denen die erste, wie schon gesagt, gar nicht existirt, die zweite aber nur aus der ganz mangelhaften und unzuverlässigen Publikation Vaillant's bekannt ist und die wir also als ein ganz schlecht beglaubigtes und Schriftstellernotizen und jenem ganz sichern Denkmal — der Münze der Dynamis — geradezu widersprechendes Monument mit gutem Gewissen streichen können, zumal die Existenz einer undatirten Goldmünze Asanders mit dem aus X und H zusammengesetzten Monogramm, — welches irrthümlich sehr leicht H gelesen werden konnte — durch den Dresdener Abguſs festzustehen scheint"). Da also die spätesten uns

---

[44]) Köhler begründet seine Chronologie Asanders auch mit auf diese Münze mit H, obgleich er (Serap. II. 80) an der Genauigkeit der Abbildung zweifelt. Er glaubt, daſs die Stellung des H auf der Münzabbildung nicht richtig sei. Die Jahreszahlen stehen aber auf den andern Archonmünzen immer an dieser Stelle, rechts oben über dem Lorbeerzweig. Ueber die andere angebliche Asandermünze mit H ist schon oben Anm. 16 gesprochen worden.

erhaltenen Archonmünzen Asanders aus dem dritten, die frühesten Königsmünzen aber aus dem vierten Jahr seiner Regierung den Königstitel erhielt und von da an, zwar mit seinem neuen Titel, aber ohne seine Königsherrschaft von neuem wieder mit Jahr eins zu beginnen, Münzen geprägt habe. Lucians Nachricht, daſs diese Verleihung durch Augustus erfolgt sei, ist nach den Münzen unmöglich und wird dahin zu reduciren sein, daſs Asander schon zur Zeit des Triumvirats, wahrscheinlich durch M. Antonius den Königstitel erhielt. Denn unter Cäsar, welcher Asander bekriegen lieſs und dessen Günstling Mithradates von Pergamum, den Cäsar zum Könige des Bosporus ernannt und dem er den Krieg gegen Asander aufgetragen, von dem Usurpator getödtet wurde, kann diese, den Münzdaten nach ja möglicherweise in Cäsars Zeit treffende Ernennung zum Könige wohl nicht erfolgt sein. Die früheste Zeit der Ernennung Asanders zum Könige wäre daher das Ende des Jahres 712 nach der Schlacht bei Philippi, denn M. Antonius begab sich bald nach Besiegung der Cäsarmörder nach Asien[45]). Asander war also, wenn er 712 (oder Anfang 713) von Antonius zum Könige ernannt wurde, damals im vierten Jahre seiner Regierung. Das erste Jahr derselben begann also frühestens Ende 708 oder Anfang 709. Und dies scheint der wirkliche officielle Anfang von Asanders Archontat zu

---

[45]) Möglich ist es auch, daſs diese Ernennung bereits 711 oder 712 durch M. Brutus stattfand. Doch würde sich dann wohl irgend eine Schriftstellernotiz finden, die uns erzählt, daſs Asander von Antonius Verzeihung erlangt habe. Auch wäre der Irrthum Lucians ärger.

sein⁴⁶). Dies ergiebt sich aus folgenden Gründen: Asanders sämmtliche Goldmünzen haben den Typus eines Seesieges, Nike auf einer Prora stehend. Vielleicht hat auch die Prora der nie datirten Kupfermünzen dieselbe Bedeutung, vielleicht aber ist dieselbe nur, wie so oft, Andeutung des Seestaates. Dieser Typus des Seesieges auf den datirten Goldmünzen kann sich nicht auf die entscheidende Schlacht Asanders gegen Pharnaces beziehen; denn erstens war, wie Appian erzählt⁴⁷), diese Schlacht keine Seeschlacht, sondern eine Landschlacht, und zweitens würde Asander, der durch die Heirath mit Dynamis, des Pharnaces Tochter, seiner Herrschaft den Schein von Legitimität zu geben suchte, auf seinen Münzen nicht die Besiegung seines legitimen Vorgängers, des Vaters seiner Gemahlin gefeiert und so stets an seine Usurpation erinnert haben. Der Typus des Seesieges kann sich also nur auf die Besiegung des von Cäsar im Spätsommer oder Herbst 707 zum Könige des Bosporus ernannten und dem Asander entgegen-

---

⁴⁶) Nehmen wir an, daſs die Schlacht bei Philippi in den Spätherbst des Jahres 712 fällt (Fischer röm. Zeittaff. 333), so kann Antonius bereits im December in Asien gewesen sein und den Asander schon im Jahre 712 oder Anfang 713 zum Könige ernannt haben. Die Annahme, daſs Asanders erstes Jahr vom Ende des J. 708 bis Ende 709 gereicht, ist daher wohl möglich; Asander wäre dann in den letzten Wochen des Jahres 4 seiner Regierung von Antonius zum Könige ernannt und hätte, was ja sehr erklärlich ist, noch in diesen letzten Tagen des Jahres 4 Münzen mit seinem neuen Titel geprägt. Vgl. jedoch Anm. 56.

⁴⁷) Appian. Mithr. 120.

geschickten[48]) Mithradates von Pergamum beziehen. Diese Besiegung hat also frühestens gegen Ende des Jahres 707, wahrscheinlich aber erst 708 stattgefunden, denn Mithradates mufste sich erst das zum Kriege nöthige Geld durch Plünderung einer oder mehrerer Tempel verschaffen[49]), und der ganze Feldzug mag daher wohl längere Zeit gedauert haben. Ob Asander nach der Besiegung des Mithradates von Cäsar bestätigt wurde, wissen wir nicht, doch scheint er nach Beseitigung seines Feindes unangefochten von den Römern geherrscht zu haben.

Nehmen wir nun also 708/709 als erstes Regierungsjahr Asanders an, so ist das letzte aus den Münzen uns bekannte Jahr seiner Herrschaft das neunundzwanzigste, also 736/37. Asander mufs nun auch entweder in diesem oder im folgenden Jahre (Herbst 737 — Herbst 738) gestorben sein, da wir vom Jahre 281 der Achämenidenaera, welches vom Herbst 737—38 reichte[50]), den angeführten Goldstater besitzen, welchen Dynamis als selbständige Königin mit der Aera ihrer Familie prägte.

Wir haben also nach Beseitigung der falschen und falsch überlieferten Münzen eine vollständige Uebereinstimmung der Münzdaten Asanders mit den Nachrichten des

---

[48]) Cäsar war bereits im September des Jahres 707 wieder in Italien; die Ernennung des Mithradates mufs also zwischen dem 2. Aug. (Schlacht bei Zela) und dem September 707 stattgefunden haben. Vgl. Fischer röm. Zeittafeln 284 über Cäsars Ankunft in Italien.

[49]) Strab. XI. 2. 17. Drumann III. 559.

[50]) Eckhel D. N. II. 381.

Dio und Appian und haben noch überdies durch die Goldmünze der Dynamis eine genauere Bestimmung von Asanders Todesjahr, als uns Dio 54. 24 giebt.

Die Veranlassung zu Asanders Selbstmord war, wie uns Lucian[51]) berichtet, der Aufstand des Scribonius, der sich für Mithradates' des Grofsen Enkel ausgab und nach Asanders Tod die Erbin des Reiches, Dynamis, heirathete. Von Dynamis besitzen wir nur zwei Monumente, die angeführte Goldmünze und eine Inschrift, welche in der Nähe des alten Phanagoria gefunden ist[52]):

ΑΥΤΟΚΡΑΤΟΡΑ · ΚΑΙΣΑΡΑ · Ε · ΟΥ · (θεοῦ) ΥΙΟν
ΣΕΒΑΣΤὸν τὸΝ · ΠΑΣΗΣ · ΤΗΣ · ΓΗΣ · ΚΑΙ ·
ΘΑΛΑΣΣΗΣ · ΑρχΟΝΤΑ ...
ΤΟΝ · ΕΑΥΤΗΣ · ΣΩΤΗΡα καὶ εὐεργΕΤΗν
ΒΑΣΙΛΙΣΣΑ · ΔΥΝαμις.

Dafs diese Inschrift nicht vor 727 fallen kann, ergiebt sich aus dem Titel Σεβαστός, welchen Augustus in diesem Jahre erhielt[53]), doch ist es wahrscheinlich, dafs Dynamis diese Inschrift nebst der dazu gehörigen Bildsäule des Augustus erst nach Asanders Tod entweder als selbständige Königin oder bald nach ihrer Vermählung mit Polemo I., 740, setzen lassen. Dafür spricht Folgendes: der Aufstand des Scribonius, der sich für Mithradates' VI.

---

[51]) Lucian. macrob. 17.

[52]) C. J. G. No. 2122. Es ist eine Dedicationsinschrift auf der Basis einer Statue des Augustus.

[53]) Koehne Mus. Kot. II. 158 glaubt, dafs diese Inschrift, die er „sans date" nennt, bald nach der Schlacht bei Actium gesetzt worden sei!

Enkel ausgab — also eine angebliche Restitution der legitimen Familie — scheint von Dynamis veranlaſst oder doch gern gesehen worden zu sein. Dieser Aufstand wurde aber auch von Augustus angeblich oder thatsächlich begünstigt: *Σκριβώνιος ... παρὰ τοῦ Αὐγούστου τὴν βασιλείαν εἰληφέναι λέγων,* sagt Dio. Nun konnte nach der für Scribonius und auch für Dynamis glücklichen Beendigung des Aufstandes die Königin, deren Familie dadurch rehabilitirt wurde, mit Recht Augustus ihren *σωτὴρ καὶ εὐεργέτης* nennen. Wahrscheinlicher ist jedoch die im C. J. G. II. p. 94 ausgesprochene Ansicht, daſs die Dedicationsinschrift in das Jahr 740 fällt, bald nach Beseitigung des falschen Enkels des Mithradat [54]), als Polemo mit römischer Hülfe den innern Frieden des Bosporanischen Reiches wieder herstellte und Dynamis seine Gemahlin wurde, „*τοῦ Αὐγούστου δηλόνοτι ταῦτα δικαιώσαντος* [55])." Aus diesen Worten Dio's geht hervor, daſs Augustus besonderes Interesse für Dynamis zeigte, was ja auch unsere Inschrift beweist. Eine genaue und sichere Zeitbestimmung der Inschrift ist allerdings nicht möglich, aber die Beinamen des Augustus, *σωτήρ* und *εὐεργέτης* passen am besten für 740 oder doch kurze Zeit nachher.

Die Chronologie von Asanders und Dynamis Regierung würde sich also folgendermaſsen gestalten:

---

[54]) Münzen des Usurpators Scribonius sind bis jetzt noch nicht bekannt. Auf denselben würde er sich jedenfalls nach seinem vorgeblichen Groſsvater Mithradates nennen.

[55]) Dio 54. 24.

Asander.

707[56]) Asander empört sich gegen Pharnaces. Schlacht bei Zela 2. August 707. Asander besiegt den flüchtigen Pharnaces († in der Schlacht) und heirathet dessen Tochter Dynamis. Cäsar ernennt den Mithradat von Pergamum zum Könige des Bosporus und trägt ihm den Krieg gegen Asander auf. Dies geschah im August oder September 707, denn in diesem Monat war Cäsar bereits in Italien.

---

[56]) Es sei mir erlaubt, eine mir von Herrn Prof. Mommsen gütigst mitgetheilte Bemerkung, welche bereits in meiner Dissertation abgedruckt ist, hier mitzutheilen:

„Asandrum, qui vivo Pharnace ab eo desciverit, non statim archontis nomen suscepisse, sed expectasse non solum donec Pharnaces interficeretur, sed dum superesset etiam Mithradates Pergamenus contra Asandrum a Caesare missus, parum credibile est. Nec quidquam impedit, quominus Asandrum regnasse credamus primum archontis, deinde regis nomine ab a. 707 ad a. 737, id est supra triginta; deficiunt scilicet nummi inscripti numeris XXX et XXXI. Quod si ita est, regis nomen sumpsit eo anno, quo Caesar interfectus est probabiliter omnino."

Daſs Asander vom Jahre 707 an den Titel eines Archon geführt, ist allerdings sehr möglich, wenn uns auch Münzen der Jahre 30 und 31 noch fehlen. Daſs aber Asander wirklich erst von der Besiegung des Mithradates an seine Herrschaft datirt, scheinen mir seine Goldmünzen mit dem oben besprochenen Typus des Seesieges zu beweisen; dieser Sieg kann aber allerdings schon 707 stattgefunden haben. Ehe jedoch Münzen der Jahre 30 und 31 aufgefunden sind, können wir den Regierungsanfang Asanders nicht mit absoluter Sicherheit feststellen.

707/8. Krieg des Mithradates Pergamenus gegen Asander. Mithradates wird in einer Seeschlacht von Asander besiegt und getödtet. Ende 708 oder Anfang
709. (?) beginnt das erste officielle Jahr von Asanders Archontat des Bosporus.
712. im Spätherbst Schlacht bei Philippi. M. Antonius geht nach Asien und verleiht dem Asander noch in diesem Jahre oder Anfang
713. den Königstitel.
736. Frühestens in diesem Jahre, spätestens im Herbst
739. empört sich Scribonius gegen den König. Asander † durch Selbstmord im 94. Lebensjahr. Seine Wittwe, des Pharnaces Tochter

Dynamis

737/738 folgt ihm im Jahre 281 der achämenidischen Aera — Herbst 737 — Herbst 738 — in der Regierung und heirathet den Empörer

Scribonius,

den angeblichen Enkel Mithradates des VI. Eupator.
740. Agrippa, welcher den pontischen König Polemo gegen den Scribonius vorausgeschickt, rückt selbst mit einem Heere heran. Noch ehe er Sinope erreicht, wird Scribonius von den Bosporanern getödtet.

Polemo I.

740. König von Pontus, erhält durch Augustus und Agrippa den Bosporus und die Hand der legitimen Königin Dynamis, der Wittwe Asanders und des Scribonius.

Polemo I.
König von Pontus und Bosporus 718—761/762 (?).

Der König Polemo, welcher nunmehr das Bosporanische Reich beherrschte, hatte bereits früher von den Römern den Pontus erhalten. Das pontische Königreich, ein Theil Cappadociens, welcher später nach seinem Könige den Namen Pontus Polemoniacus erhielt, ward früher von Antonius an Darius, den Sohn des Königs Pharnaces gegeben[57]). Wann dies geschehen und wann Darius gestorben oder sein Reich verloren hat, wissen wir nicht, doch beherrschte schon im Jahre 718[58]) der König Polemo den Pontus; ob aber die Grenzen des Polemonischen Pontus mit dem früheren Reiche des Darius genau übereinstimmten, ist bei der Dürftigkeit der Notiz des Appian, des einzigen Schriftstellers, welcher über Darius spricht, ungewifs.

Ueber die Abstammung Polemo's besitzen wir sichere und bestimmte Nachrichten: Strabo erzählt von Laodicea in Phrygien[59]): μεγάλην ἐποίησαν αὐτὴν τῶν πολιτῶν τινες εὐτυχήσαντες Ζήνων δὲ ὁ ῥήτωρ ὕστερον καὶ ὁ υἱὸς αὐτοῦ Πολέμων, ὃς καὶ βασιλείας ἠξιώθη διὰ τὰς ἀνδραγαθίας ὑπ' Ἀντωνίου μὲν πρότερον, ὑπὸ Καίσαρος δὲ τοῦ Σεβαστοῦ μετὰ ταῦτα. Hier wird allerdings nicht gesagt, dafs diese Königsherrschaft das Reich des Pontus und des Cim-

---

[57]) Appian. b. c. V. 75.
[58]) Dio 49. 25. Dies ist die früheste Notiz. Ueber die Wahrscheinlichkeit der Einsetzung Polemo's in eben diesem Jahre vgl. weiter unten.
[59]) Strab. XII. 8. 16.

merischen Bosporus war, dafs aber der pontische und der Laodicensische Polemo ein und dieselbe Person sind, ergiebt sich daraus, dafs uns aus jener Zeit aufser dem mit dem Könige von Pontus vielleicht identischen Dynasten von Olba in Cilicien kein anderer König Polemo bekannt ist, und vor allem aus dem Namen des von Tiberius und Germanicus zum Könige von Grofsarmenien ernannten Sohnes des pontischen Polemo. Dieser Sohn Polemo's hiefs Zeno[60]), wie der Vater des Laodicensischen Polemo; er führte also nach bekannter griechischer Sitte den Namen seines Grofsvaters.

Auch eine Inschrift von Cyme in Aeolien[61]) aus Augustus Zeit, welche wegen des Titels πατὴρ πατρίδος frühestens aus dem Jahre 752 sein kann, erwähnt einen Polemo, Zeno's Sohn, von Laodicea und wird, freilich nicht mit Gewifsheit, auf Polemo von Pontus bezogen; sie lautet:

ΕΠΙ · ΙΕΡΕΩΣ · ΤΑΣ · ΡΟΜΑΣ · ΚΑΙ ·
ΑΥΤΟΚΡΑΤΟΡΟΣ · ΚΑΙΣΑΡΟΣ ·
ΘΕΩ · ΣΕΒΑΣΤΩ[62]) · ΘΕΩ · ΥΙΩ · ΑΡΧΙΕΡΕΩΣ ·
ΜΕΓΙΣΤΩ · ΚΑΙ ·
ΠΑΤΡΟΣ · ΤΑΣ · ΠΑΤΡΙΔΟΣ · ΠΟΛΕΜΩΝΟΣ ·
ΤΩ · ΖΗΝΩΝΟΣ · ΛΑ
ΟΔΙΚΕΟΣ ·

Die Weglassung des Königsnamens mufs allerdings auffallen, doch würde sie dadurch erklärt, dafs Polemo hier

---

[60]) Tac. ann. II. 56.
[61]) C. J. G. No. 3524.
[62]) Ueber θεός zu Lebzeiten des Augustus vgl. C. J. G. II. p. 851.

nicht als König von Pontus, sondern als Priester Romae et Augusti zu Cyme auftritt[63]), — Eckhel sagt: reverentiae causa — auch macht es die Uebereinstimmung des Vaternamens und der Vaterstadt wahrscheinlich, daſs in der Inschrift wirklich der König Polemo, der, wie wir später sehen werden, im Jahre 752 noch gelebt zu haben scheint, gemeint ist. Auch die Verwaltung des Priesteramtes in absentia ist bei der hohen Stellung, dem die griechischen Städte Kleinasiens ja sehr wohl dergleichen Ehren erweisen konnten, nicht unmöglich. Auch eine Münze von Laodicea aus Augustus' Zeit[64]), welche einen Polemo Philopatris erwähnt, könnte man wegen des passenden Beinamens, der ungefähr dasselbe sagt, als Strabo mit den Worten: $\mu\varepsilon\gamma\acute{\alpha}\lambda\eta\nu\ \dot{\varepsilon}\pi o\acute{\iota}\eta\sigma\alpha\nu\ \alpha\dot{\upsilon}\tau\grave{\eta}\nu \ldots \Pi o\lambda\acute{\varepsilon}\mu\omega\nu$ $\varkappa.\ \tau.\ \lambda.$, auf den pontischen König beziehen.

Wenn aber auch diese beiden Monumente einem andern Laodicensischen Polemo aus der Familie des Rhetors Zeno angehören, so steht doch die Herkunft des pontischen Königs durch die angeführten Schriftsteller fest, und es muſs daher um so mehr auffallen, daſs eine andere Stelle Strabo's, an der merkwürdigerweise bis jetzt noch Niemand Anstoſs genommen hat, mit jenen Notizen in offen-

---

[63]) Einen Gegenbeweis könnte man allerdings in den bekannten Münzen von Carthago nova zu finden glauben, auf denen König Juba mit ausdrücklicher Hinzufügung des Titels REX als duumvir aufgeführt wird, doch können Münzen eines so entfernten, nichtgriechischen Landes hier nicht als Beweis gelten. Ueber diese Münzen des Juba s. Müller, numism. de l'anc. Afr. III. 111.

[64]) Pellerin, mélang. II. p. 13. Eckhel D. N. III. 161.

barem Widerspruch steht. Strabo sagt[65]): *ἐνταῦθα* — bei Phazemon, in der Nähe von Amasia im Pontus — *δὲ ἑάλω καὶ διεφθάρη ὑπὸ τῶν Φαρνάκου τοῦ βασιλέως παίδων Ἀρσάκης δυναστεύων καὶ νεωτερίζων ἐπιτρέψαντος οὐδενὸς τῶν ἡγεμόνων· ἑάλω δὲ οὐ βίᾳ τοῦ ἐρύματος ληφθέντος ὑπὸ Πολέμωνος καὶ Λυκομήδους, βασιλέων ἀμφοῖν, ἀλλὰ λιμῷ.* Hier werden also die Könige Polemo und Lycomedes Söhne des Pharnaces genannt[66]). Daſs unter dem

---

[65]) Strab. XII. 3. 38.

[66]) Scheinbar unbegreiflicherweise nennt Kramer im Index seiner Ausgabe des Strabo (Berlin 1852) nicht allein Polemo und Lycomedes, sondern auch den Arsaces Sohn des Pharnaces. Ebenso Koehne Mus. Kot. II. in der genealogischen Tafel der Achämeniden. Die Genesis dieses Irrthums ist folgende: im Index der Uebersetzung des Strabo von Grosskurd (1834) ist Arsaces ebenfalls Sohn des Pharnaces genannt. Im Text der Grosskurd'schen Uebersetzung sind die Worte: *ἐνταῦθα ... διεφθάρη ὑπὸ τῶν Φαρνάκου τοῦ βασιλέως παίδων* folgendermaſsen wiedergegeben: „hier wurde getödtet von den Söhnen des Königs Pharnaces Arsaces." Das ist im Deutschen zweideutig, denn das „von" kann ebensogut „a filiis" als „unus ex filiis" verstanden werden. Im Index hat nun Grosskurd diese Stelle nach seiner Uebersetzung auch miſsverstanden und den Arsaces zum Sohne des Pharnaces gemacht; sein ganzes, leicht verzeihliches Versehen besteht also darin, daſs er an der betreffenden Stelle nicht noch einmal den griechischen Text nachgeschlagen hat. Kramer, welcher im Index seiner griechischen Straboausgabe denselben Fehler macht, der nur bei der Zweideutigkeit der deutschen Uebersetzung möglich war, — denn Varianten des griechischen Textes giebt es an dieser Stelle nicht — hat also den Index der Grosskurd'schen Uebersetzung ad vocem Arsaces ausgeschrieben. Das Merkwürdige bei der Sache ist, daſs Arsaces

König Polemo hier nur der pontische König gemeint sein kann, nicht aber der so weit entfernt wohnende Dynast von Olba in Cilicien[67], — wenn dieser nicht mit dem pontischen Könige identisch ist — ergiebt sich aus der Localität, denn Phazemon liegt nur wenige Meilen nordwestlich von der pontischen Hauptstadt Amasia. Einen zweiten Beweis für die Unrichtigkeit der ganzen Angabe Strabo's haben wir auch in einer andern Nachricht über die Herkunft von Polemo's Nachbarkönig Lycomedes, welchen Strabo ebenfalls neben Polemo einen Sohn des Pharnaces nennt. Hirtius[68] erzählt: (Caesar) biduum Mazacae commoratus venit Comana, vetustissimum et sanctissimum in Cappadocia Bellonae templum, quod tanta religione colitur, ut sacerdos ejus deae majestate, imperio, potentia secundus a rege consensu gentis illius habeatur. Id homini nobilissimo Lycomedi Bithynio adjudicavit, qui regio Cappadocum genere ortus propter adversam fortunam majorum suorum mutationemque generis jure minime dubio, vetustate tamen intermisso sacerdotium id repetebat. — Zu

---

wirklich der Sohn des Pharnaces gewesen zu sein scheint, also rectum ab errore. Vgl. weiter unten.

[67] Derselbe war auch damals noch nicht König, sondern nur δυνάστης; das von Strabo erzählte Ereigniſs muſs vor oder im Jahre 723 stattgefunden haben, denn in diesem Jahre wurde Lycomedes, der Bundesgenosse Polemo's bei Besiegung des Arsaces, von Augustus abgesetzt (Dio 51. 2). Aus demselben Jahre besitzen wir Münzen des Olbischen Fürsten Polemo mit dem Titel Dynast. Freilich wäre dies allein kein Beweis, zumal der Olbische Polemo später auch den Königstitel erhielt.

[68] Bell. Alex. 66.

dieser Stelle ist zunächst zu bemerken, dafs, wie schon Drumann[69]) nachgewiesen hat, Hirtius irrthümlich von Comana Cappadociae statt von Comana Ponti spricht. Denn Caesar, welcher so schnell als möglich nach dem Pontus eilte, ging über den Taurus nach Cappadocien, durchzog dies „magnis itineribus" (bell. Al. 66) und kam nach Mazaca. Nun wäre er nach Hirtius von da wieder umgekehrt und hätte sich nach dem südlicher liegenden Comana Cappadociae begeben. Das ist aber schon an und für sich unmöglich und aufserdem wird Lycomedes von Strabo und Appian[70]) ausdrücklich Priester von Comana Ponti genannt, Appian fügt sogar noch hinzu, dafs ihn Caesar daselbst eingesetzt habe. Der Irrthum des Hirtius steht also zweifellos fest. Man kann daher mit Recht die Worte des Hirtius: „regio Cappadocum genere" mit: „aus dem pontischen

---

[69]) Drumann, Gesch. Rom's III. 554, Anm. 81 u. 559. Anm. 13. Die von Drumann wegen des Zusatzes „Bithynio" beibehaltene Lesung Nicomedes — der bekannte bithynische Königsname — für Lycomedes, wie die älteren Ausgaben des bell. Alex. und des Appian Mithr. haben, ist natürlich unrichtig, wie sich aus Strab. XII. 3. 35 u. 38 und Dio 51. 2, sowie aus den später anzuführenden Münzen, wo überall Lycomedes steht, ergiebt. Sollte sich der Irrthum des Hirtius vielleicht daraus erklären lassen, dafs Lycomedes etwa später auch noch das Priesterthum von Comana Ponti erhalten hätte? Ueber die Gleichheit des Cultus in beiden Comana vgl. Strabo XII. 2. 3 und XII. 3. 32.

[70]) Strab. XII. 3. 35. App. Mithr. 121: ... Πόντου δὲ καὶ Βιθυνίας ... Καῖσαρ ... πλὴν τῆς ἐν Κομάνοις ἱερωσύνης, ἣν ἐς Λυκομήδην μετήνεγκεν ἀπὸ Ἀρχελάου. Dieser Archelaus wird auch von Strabo als Priester von Comana Ponti erwähnt s. Anm. 72.

Königshause stammend" übersetzen und darin sogar eine Uebereinstimmung mit Strabo's Nachricht über Lycomede's Herkunft finden, aber die doch gewiſs nicht müſsigen Zusätze: qui propter adversam fortunam etc. bis repetebat machen die Annahme, daſs Lycomedes des Pharnaces Sohn sei, unmöglich. Caesar setzte den Lycomedes im J. 707 noch vor der Besiegung des Pharnaces bei Zela zum Priester in Comana Ponti ein, wenn also Lycomedes des Pharnaces Sohn war, so konnte es unmöglich von der adversa fortuna majorum suorum[71]) sprechen; auch konnte nicht gesagt werden, er verlange das Priesterthum jure minime dubio — denn von jus konnte wohl kaum die Rede sein, da Caesar dem Pharnaces feindlich gegenüberstand — und vetustate tamen intermisso, denn Lycomedes' Vater Pharnaces hätte ja noch gelebt. Die Rechtsansprüche des Lycomedes müssen also auf viel frühere Zeit, wo seine majores noch nicht von der adversa fortuna betroffen waren, zurück datirt werden. Wir sehen also, daſs Lycomedes vielleicht als entfernter Verwandter, aber nicht als Sohn des Pharnaces betrachtet werden kann[72]).

---

[71]) Unter der noch erwähnten mutatio generis hat man, wie ich glaube, etwas Aehnliches als die damit verbundene adversa fortuna majorum zu verstehen, zumal der Gegensatz der mutatio generis in dem regio genere ortus liegt. Nach einer gütigen Mittheilung des Hrn. Professor Mommsen liegt in der mutatio generis vielleicht auch die Hindeutung auf eine Adoption in ein bithynisches Königsgeschlecht.

[72]) Lycomedes „μέρει τοῦ Καππαδοκικοῦ Πόντου βασιλεύων" wurde von Augustus nach der Schlacht bei Actium seiner Herrschaft be-

Ich glaube, dafs das Gesagte hinreicht, um zu beweisen, dafs die Angabe Strabo's über die Abstammung Polemo's und Lycomedes' eine irrige ist, und dafs ihr

---

raubt (Dio 51. 2). Die Wahrheit der Notiz des Hirtius, dafs er ein Bithynier gewesen, beweisen die Münzen seiner Tochter Orodaltis oder Oradaltis von Prusias (Cius) Bithyniae (Eckhel. num. vet. anecd. 192 und besser abgebildet bei Neumann numi pop. et reg. II, Taf. I. 4 und p. 16), aus denen auch hervorgeht, dafs Lycomedes, wie Strabo l. c. sagt, den Königstitel führte, den er wahrscheinlich von M. Antonius noch aufser der Bestätigung seiner ihm von Caesar bereits verliehenen Herrschaft erhielt, denn Dio l. c. nennt ihn mit unter den von Antonius eingesetzten Dynasten. Eckhel D. N. II. 446 und Visconti, iconogr. gr. II. 260 halten die Münzen der Orodaltis irrig für älter, weil zu Antonius und Augustus Zeit Bithynien bekanntlich schon Provinz war. Diese Münzen sind aber offenbar nicht, wie Eckhel und Visconti glauben, bithynische Königsmünzen, sondern Städtemünzen von Prusias, als dessen Dynastin man die Orodaltis zu betrachten hat; ebenso die ähnlichen Münzen der Musa (Eckhel D. N. II. 445), welche auch nicht Königin von Bithynien, sondern Dynastin von Prusias mit dem damals für die kleinste Dynastie oft angewendeten Königstitel war. Dafs diese Münzen nicht in die Reihe der bithynischen Königsmünzen gehören, ergiebt sich aus den von letzteren ganz verschiedenen Typen und der Fabrik, welche für Augustus' Zeit spricht. In den Münzen der Musa, deren Aehnlichkeit mit denen der Orodaltis beweist, dafs beide einer Dynastie und Zeit angehören, kann man übrigens einen indirecten Beweis für die pontische Abstammung des Lycomedes finden: ihre Aufschrift lautet: ΒΑΣΙΛΙΣΣΑΣ · ΜΟΥΣΗΣ · ΟΡΣΟΒΑΡΙΟΣ (Eckhel num. vet. Taf. XI. 17 und Mus. Sanclem. I. p. 17). Auf diesen Münzen wird also entweder der Vater der Musa Orsobares (oder Orsobareus) oder ihre Mutter Orsobaris genannt. Nun kennen wir eine Tochter Mithradates des Grofsen

zum Theil Strabo selbst an der angeführten Stelle[73]) widerspricht, wo er den Rhetor Zeno von Laodicea als Vater des pontischen Königs Polemo nennt. Daſs Strabo, der jene seiner Vaterstadt benachbarten Gegenden so genau kannte und an einer andern Stelle auch einen andern Vater desselben Polemo anführt, sich geirrt habe, ist nicht glaublich; die Stelle muſs also wohl verderbt sein, wofür auch der ganze etwas ungeschickte Satzbau zu sprechen scheint. Wie die Worte ursprünglich gelautet haben mögen, ist nicht mehr mit Sicherheit zu bestimmen, doch scheint es der ganzen Sachlage sehr gut zu entsprechen, wenn wir annehmen, daſs Arsaces, welcher sich gegen die von den Römern eingesetzten Könige Polemo und Lycomedes empörte, ein Sohn des Pharnaces gewesen sei, und daſs also vielleicht statt: διεφθάρη ὑπὸ τῶν Φαρνάκου τοῦ βασιλέως παίδων Ἀρσάκης etwa: διεφθάρη εἰς τ. Φ. τ. β. π. Ἀρσάκης gestanden haben mag. Die am nächsten liegende Aenderung wäre ἀπό für ὑπό, aber meines Wissens kommt ἀπό in diesem Sinne, also hier gleich εἰς, nicht vor.

Orsobaris, welche Pompejus im Triumph aufführte (Appian. Mithr. 117). Die Uebereinstimmung dieses sonst nicht vorkommenden Namens deutet auf eine Verwandtschaft der Dynastie von Prusias mit der pontischen. Ob die Münzen der Musa oder die der Orodaltis, der Tochter des Lycomedes, die früheren sind, ist schwer zu entscheiden. — Der Vorgänger des Lycomedes in Comana war Archelaus, der Groſsvater des gleichnamigen späteren Königs von Cappadocien (Strab. XVII. 1. 11 und Appian Mithr. 121), nicht aber war, wie Eckhel D. N. III. 201 irrig sagt, dieser Cappadocische König selbst sacerdotio Comanorum Ponti insignis.

[73]) Strab. XII. 8. 16.

Freilich läfst sich beim Schweigen der Schriftsteller nichts mit Sicherheit behaupten.

Polemo von Laodicea, wahrscheinlich aber schon sein Vater, der Rhetor Zeno, erhielt von M. Antonius das römische Bürgerrecht und nahm in Folge dessen die Namen Marcus Antonius an. Eine directe Nachricht darüber besitzen wir nicht, doch wird es durch die Münzen und Inschriften von Laodicea und Smyrna, und vielleicht auch durch die später zu erwähnenden Münzen von Polemo, dem Zeuspriester von Olba in Cilicien bewiesen, dafs Polemo von Pontus höchst wahrscheinlich jene Namen führte und dafs die Zenonidische Familie zu Laodicea ganz sicher von Antonius das Bürgerrecht und damit den Gentilnamen Antonius erhielt. Wir finden nämlich daselbst unter den Kaisern eine Priesterfamilie, welche den Gentilnamen Antonius und abwechselnd die cognomina Zeno und Polemo führt; offenbar Nachkommen des Rhetor Zeno, oder, was weniger wahrscheinlich ist, seines Sohnes Polemo aus erster Ehe. Dieser Priesterfamilie gehört vor allem eine Münze an, welche Koehne [74]) fälschlich Polemo dem Ersten von Pontus zuschreibt, und die ich deshalb etwas ausführlicher besprechen will. Ich gebe Koehne's Beschreibung:

> Av. tête laurée de Marc-Antoine à droite. La légende est effacée.

---

[74]) Mus. Kot. II. 169. Von der früheren Abbildung in Koehne's Mémoires de la soc. etc. de St. Pétersbourg VI. 245 durch die als deutlich dargestellte Aufschrift **MAPKOY** verschieden, welche dort nur durch Striche angedeutet ist.

Rv. (ΜΑΡΚΟΥ) ΑΝΤΩΝΙΟΥ — 🄽 — ΥΙΟΥ — ΖΗΝΩΝΟΣ · Zeus, lauré, vêtu du chiton podérès et de l'himation, porte sur la main droite étendue un aigle et retient son vêtement avec la main gauche.

Æ. 8.

Die Lesung der Inschrift giebt Koehne bis auf das unsichere ΜΑΡΚΟΥ jedenfalls richtig ΑΝΤΩΝΙΟΥ ΠΟΛΕΜΩΝΟΣ, denn nach Analogie anderer Münzen können wir das Monogramm 🄽 mit Sicherheit *Πολέμωνος* auflösen[75]). Auf der Hauptseite der vorliegenden Münze erscheint, wie Koehne sagt, der lorbeerbekränzte Kopf des M. Antonius: schon hier sehen wir, daſs Koehne's Bestimmung falsch ist. M. Antonius hat niemals, weder auf römischen noch auf griechischen Münzen, den ihm gar nicht zukommenden Lorbeerkranz. Auf den Cistophoren trägt

---

[75]) Das Monogramm 🄽 findet sich auf der später anzuführenden von Sabatier publicirten und auch auf einer anderen Münze von Laodicea im Kgl. Museum zu Berlin:

Av. Unbärtiger Kopf mit Lorbeerkranz rechtshin
· ΔΗΜΟΣ · ΛΑΟΔΙΚΕΩΝ ·

Rv. Zeus stehend, wie gewöhnlich
ΕΠΙ · ΙΕ · ΖΗΝΩΝΟΣ 🄽 · ΥΙ · ✝ · Δ ·

Æ. 4.

Aus dieser Münze ergiebt sich auch die richtige Lesung einer bei Eckhel D. N. II. 162 aus Vaillant angeführten Münze mit der angeblichen Aufschrift:

ΕΤ · ΙΓ · ΖΗΝΩΝΟΣ · ΠΟΛΙ · ΤΟ · Δ ·

das ist aber offenbar:

ΕΠ · ΙΕ · ΖΗΝΩΝΟΣ · ΠΟΛ · Υ · ΤΟ · Δ ·

d. h. *ἐπὶ ἱερέως Ζ. Πολέμωνος υἱοῦ τὸ τέταρτον.*

er gemäſs dem Charakter dieser Münzclasse den Epheukranz des Bacchus; der Lorbeerkranz ist bei ihm aber gänzlich unmöglich, zumal auf Münzen einer so civilisirten und mit römischer Sitte gewiſs nicht unbekannten Stadt, wie Laodicea Phrygiae, wo man die Bedeutung des Lorbeerkranzes sehr wohl gewuſst haben wird. Wir haben also in dem belorbeerten Kopfe der Hauptseite unserer Münze nicht den des M. Antonius, sondern nach Analogie anderer Münzen einen Kaiserkopf oder wahrscheinlicher den ebenfalls immer bekränzten Demoskopf von Laodicea zu erkennen. Die Rückseite stimmt denn auch fast ganz genau mit anderen in der Kaiserzeit geprägten Münzen von Laodicea[76]) überein. Unter diesen ist besonders eine von Interesse, da sie den Namen des Priesters oder Beamten, welcher die von Koehne publicirte Münze prägte, sicherstellt. Dieselbe ist von Sabatier in der Revue numism. belge Vol. IV (1860) p. 21 und Taf. V. 7 bekannt gemacht und wird daselbst irrig Titus und Domitian zugeschrieben:

Av. Zwei einander zugekehrte lorbeerbekränzte Köpfe, von denen der eine einen schwachen Bart hat. ΔΗΜΟΣ · ΛΑΟΔΙΚΕΩΝ · ΚΑΙ · ΣΜΥΡΝΑΙΩΝ ·

---

[76]) Aehnliche Münzen mit fast ganz gleichen Rückseiten und dem Namen eines Polemo Zenonis filius oder Zeno Polemonis filius vgl. Beiträge zur älteren Münzkunde von Pinder und Friedländer Taf. II. 21, von Claudius. Ob das Monogramm dieser Münze: den Namen Antonius enthält, wie Koehne glaubt, ist bei der Stellung desselben doch noch zweifelhaft. Andere Münzen derselben Art: Eckhel D. N. III. 161 f. und im Kgl. Museum zu Berlin, mit Kaiser- und Demosköpfen auf der Hauptseite.

Rv. Zeus von Laodicea, wie gewöhnlich; der Adler undeutlich. ΕΠΙ..Λ..ΑΝΤΩΝΙΟΣ · ၜ · ΥΙΟΣ · ΖΗΝΩΝΟΣ·[77]). Æ. 6.

In den beiden Köpfen der Hauptseite haben wir gewifs die Köpfe der Demen von Laodicea und Smyrna zu erkennen. Der durch die Beischrift immer bezeichnete Demoskopf von Laodicea auf anderen Münzen dieser Stadt hat bisweilen einen etwas portraithaften Charakter, so z. B. gleicht derselbe auf einer Münze des Kgl. Museums zu Berlin, mit dem Namen des P. Aelius Dionysius Sabinianus[78]) sehr dem M. Aurelius; auch auf der Sabatier-

---

[77]) Auf der Abbildung steht für ΑΝΤΩΝΙΟΣ irrig ΑΝΤΩΝΙΩΕ, im Text wiederum irrthümlich ΑΝΤΩΝΙΟC. Der Nominativ findet sich auch auf anderen, ganz ähnlichen Münzen von Laodicea mit der Aufschrift Π · ΑΙΛΙΟC · ΔΙΟΝΥCΙΟC · CΑΒΙΝΙΑΝΟC (Æ. 5) im Kgl. Museum zu Berlin. Die Deutung der Münze Sabatier's auf Titus und Domitian beruht lediglich auf einer jedenfalls unrichtig gelesenen Münze von Laodicea bei Mionnet IV. 321, 730 aus dem Mus. Theupoli. Die Aufschrift der Rückseite: ΑΥΤΟΚΡΑΤ · ΤΙΤΟΣ · ΑΝΤΟΝΥ · ΚΑΙ · ΝΕΡΟΣΤΟ ist unsinnig und wird auch von Mionnet (Suppl. VII. 535 Anm. und Vol. VII. [planches] 1837. p. 97) für falsch und unzuverlässig erklärt; damit fällt die Deutung der Köpfe auf Titus und Domitian weg. Vielleicht lautete die Aufschrift ähnlich unseren beiden Münzen, wie das ΑΝΤΟΝΥ vermuthen läfst. Dies ist auch die Ansicht Rauch's, welcher in den Berl. Bl. f. Münzk. Bd. I. (1863) p. 264 und Taf. VIII. 16 ein etwas mangelhaftes Exemplar derselben Münze beschrieben und abgebildet hat. — Die frühesten Kaisermünzen von Laodicea und Smyrna zusammen sind unter Nero geprägt; vgl. Mionn. II. 320, 723 u. 724.

[78]) Derselbe Beamte kommt auch auf einer anderen Münze von

schen Münze haben die Köpfe etwas portraithaftes, eine bestimmte Zutheilung ist aber nicht wohl möglich. Idealisirte oder vielmehr in dieser Weise apotheosirte Kaiserköpfe kommen ja zuweilen vor, — z. B. Faustina als Kora auf Münzen von Kyzicos — ob aber auch auf Laodicensischen die Demosköpfe apotheosirte Kaiserköpfe sind, ist trotz gewisser Aehnlichkeiten sehr zweifelhaft. — Die Inschrift der Rückseite stimmt fast genau mit der bei Koehne abgebildeten Münze überein. Nach der Wortstellung in der Aufschrift der letzteren: ΑΝΤΩΝΙΟΥ · Πο(λέμωνος) ΥΙΟΥ · ΖΗΝΩΝΟΣ könnte man glauben, daſs der prägende Beamte Antonius Zeno, Polemo's Sohn war; dies wird aber durch den Nominativ der anderen Münze, welche deutlich ΑΝΤΩΝΙΟΣ · Πο(λέμων) ΥΙΟΣ · ΖΗΝΩΝΟΣ hat, widerlegt. Das beim Nominativ sinnlose ΕΠΙ scheint falsch gelesen zu sein, vielleicht ist es ein Theil des Wortes ΙΕΡΕΥΣ, denn an ΕΠΙΝΙΚΙΟΝ · ΑΝΕΘΗΚΕ[79]), oder deren Abkürzung, was auf anderen Münzen von Laodicea steht, kann man wegen des von der Sabatier'schen Münze sehr verschiedenen Charakters jener Münzen und der verschiedenen Wortstellung nicht denken. Sowohl die Sabatier'sche als die Koehne'sche Münze gehören, wie andere ähnliche Münzen von Laodicea, unter anderen die erwähnten des P. Sabinianus, beweisen, etwa in die Zeit

---

Laodicea mit Kopf und Aufschrift des Antoninus Pius vor (Mionn. II. 323. 745).

[79]) Eckhel, D. N. III. 163. Münzen von Laodicea und von Laodicea und Smyrna aus der Zeit und zum Theil mit dem Kopfe des M. Aurelius.

Hadrians oder der Antonine und vielleicht ist der prägende Beamte der bekannte Philosoph Polemo aus Laodicea, der Freund Trajans, Hadrians und der Antonine. Dieser Polemo, der Vater des Sophisten Attalus, von welchem die erwähnten Münzen mit ΕΠΙΝΙΚΙΟΝ · ΑΝΕΘΗΚΕ geprägt sind, führte den Namen Antonius, wie wir aus einer Inschrift und aus Philostratus, dem Biographen des Philosophen Polemo, wissen. Die Inschrift [80]) ist smyrnäisch; die auf Polemo, den obersten Beamten in Smyrna, bezügliche Stelle lautet:

ΚΑΙ · ΟΣΑ · ΕΠΕΤΥΧΟΜΕΝ · ΠΑΡΑ · ΤΟΥ ·
ΚΥΡΙΟΥ · ΑΔΡΙΑΝΟΥ · ΔΙΑ ·
ΑΝΤΩΝΙΟΥ · ΠΟΛΕΜΩΝΟΣ ·

Aus dieser Inschrift ergiebt sich auch als richtige Lesung Ἀντώνιον Πολέμωνα bei Philostratus[81]), wo Kaiser nur Πολέμωνα, andere durch die häufige Erwähnung der Antonine im Leben Polemo's verleitet Ἀντωνῖνον Πολέμωνα schreiben. — Möglicherweise können wir also die beiden Münzen diesem Polemo zuschreiben; soviel ist jedoch gewiſs, daſs die von Koehne beschriebene Münze von Laodicea der römischen Kaiserzeit, nicht aber dem späteren pontischen Könige Polemo I. und dem M. Antonius angehört[82]).

---

[80]) C. J. G. No. 3148.

[81]) Philostr. vit. soph. I. 25.

[82]) Eine schöne smyrnäische Münze des Philosophen Polemo, aber ohne seinen Gentilnamen, mit dem Kopfe des Antinous siehe Eckhel D. N. VI. 585 und Cohen méd. imp. Pl. IX. und p. 276. Andere Rollin catal. II. No. 5404 mit dem Kopfe Hadrians und No. 5405 mit dem Kopfe der Sabina.

Wir haben also aus der Zeit, da Polemo I. noch in Laodicea bei seinem Vater Zeno lebte, kein auf ihn bezügliches Monument. —

Ich komme nun zu einer Reihe sehr merkwürdiger Münzen, welche für unseren Zweck deshalb von Interesse sind, weil man sie vielfach, — ob mit Recht, werden wir später sehen, — Polemo I. von Pontus zugeschrieben hat. Es sind dies datirte Münzen von Olba in Cilicien, geprägt von dem Oberpriester des Zeus [33]) und Toparchen oder Dynasten, späteren König Polemo. Ich gebe die Beschreibung der Münzen:

1. Av. M · ΑΝΤΩΝΙΟΥ . . . . Kopf, dahinter Caduceus.
   Rv. ΑΡΧΙΕΡΕΩΣ · ΤΟΠΑΡΧΟΥ · ΚΕΝΝΑΤΩΝ · ΛΑΛΑΣ · ΕΤ · Β · Typus nicht angegeben.
   Æ. (Belley B. L. Vol. XXI. 421 f. aus le Bret citirt.)

2. Av. *M. Ἀντωνίου* ΠΟΛΕΜΩΝΟΣ · ΑΡΧΙΕΡΕΩΣ · Jugendlicher Kopf rechtshin.
   Rv. ΔΥΝΑΣΤΟΥ · ΟΛΒΕΩΝ · ΤΗΣ · ΙΕΡΑΣ · ΚΕΝΝΑΤ · ΚΑΙ · ΛΑΛΑΣΣΕΩΝ · ⊲ΙΑ ·
   Æ. 7. (Pariser und Gothaer Sammlung. Mionnet, Visconti etc. Liebe, Gotha num. p. 407, schlechte Abbildung.)

3. Av. ΜΑΡΚ · ΑΝΤΩΝΙΟΥ · ΠΟΛΕΜΩΝΟΣ · ΑΡΧΙΕΡΕΩΣ · Kopf, wie vorher.
   Rv. ΔΥΝ . . . . . ΤΗΣ · ΙΕΡΑΣ · ΚΕΝΝΑΤΩ · ΚΑΙ · ΛΑ . . . ΣΕΩΝ · Blitz.
   Æ. II. (Froehlich, ad num. reg. access. p. 88.)

---

[33]) Ὄλβη πόλις Διὸς ἱερὸν ἔχουσα. Strab. XIV. 5. 10. Ueber die auf diesen Münzen erwähnten Cennati und Lalassenses vgl. Eckhel D. N. III. 63.

4. Av. MAPK · ANTΩNIOY · ΠΟΛΕΜΩΝΟΣ ·
   ΑΡΧΙΕΡΕΩΣ · CAΛ · Kopf, wie vorher.
   Rv. ΔΥΝΑΣΤΟΥ · ΟΛΒΕ... ΚΕΝΝΑΤΩ · ΚΑΙ ·
   ΛΑΛΑ...ΩΝ · ϹΙΑ · Blitz.
   Æ. 7. (Mus. Pembrock. Vol. II. Taf. 67. Auctionscatalog Pembr.
   p. 212. No. 1004.)

5. Av. ΠΟΛΕΜΩΝΟΣ · ΒΑΣΙΛΕΩΣ · Keule.
   Rv. ...ΩΝ · ΛΑΛΑΣΕΩΝ · ΚΑΙ · ΚΕΝΝΑΤΥ...
   Harpe.
   Æ. 3. (Koehne, Berlin. Bl. für Münzk. II. (1864). Taf. XXI, 8 und
   p. 265.)

Der Polemo, welcher diese Münzen prägte, kommt nur einmal, und zwar bei Appian[84]) vor. Derselbe nennt unter den Königen, welche M. Antonius eingesetzt und von denen er dafür im J. 715 Geld zum parthischen Krieg forderte, einen *Πολέμων* (sc. *βασιλέα*) *μέρους Κιλικίας*. Der erste[85]), welcher die Identität dieses Polemo, welcher obige Münzen prägen liefs und von Appian erwähnt wird, mit dem pontischen Könige zu beweisen suchte, war Visconti[86]), und ihm folgen auch die späteren Schriftsteller. Wir wollen nun sehen, ob Visconti's Annahme und Beweis richtig sind. Der einzige Schriftsteller des Alterthums, welcher über die Verhältnisse des Olbischen Reiches ausführlicher spricht, ist Strabo. Er erzählt, dafs das Priesteramt und die *δυναστεία* in den Händen der Abkömmlinge

---

[84]) Appian b. c. V. 75.

[85]) Schon Liebe (Gotha num. 408) vermuthet die Identität der beiden Polemone.

[86]) Iconogr. gr. III. p. 4 ff.

des Teukros gewesen und sagt ferner[87]): εἰςιοῦσα δὲ Ἄβα κατ᾽ ἐπιγαμίαν εἰς τὸν οἶκον τοῦτον, ἡ Ζηνοφάνους θυγάτηρ, ἑνὸς τῶν τυράννων, αὐτὴ κατέσχε τὴν ἀρχήν, προλαβόντος τοῦ πατρὸς ἐν ἐπιτρόπου σχήματι· ὕστερον δὲ καὶ Ἀντώνιος καὶ Κλεοπάτρα ἐχαρίσαντο ἐκείνῃ θεραπείαις ἐκλιπαρηθέντες· ἔπειθ᾽ ἡ μὲν κατελύθη, τοῖς δ᾽ ἀπὸ τοῦ γένους διέμεινεν ἡ ἀρχή. Nun meint Visconti, daſs Polemo nur zwei Jahre (713—714) Olba besessen und dann das pontische Reich erhalten habe, während Olba an die von Strabo erwähnte Aba zurückgegeben worden sei. Da aber dieser scheinbar ja sehr ansprechenden Hypothese vor allen Dingen die Jahreszahl ⋖IA (Jahr 11) widerspricht, ergreift Visconti ein bequemes Auskunftsmittel und meint, das I sei nur irrthümlich, durch Versehen des Stempelschneiders, für T gesetzt, da auf den anderen Münzen von Olba, z. B. auf denen von Polemo's Nachfolger Ajax, die Jahresbezeichnung immer ЄT, nicht Є allein, laute. Ebenso sei aus Versehen auf Polemo's Münzen auch der Querstrich des A weggeblieben[88]), das I sei also unzweifelhaft eigentlich ein T. Dagegen ist nun Folgendes zu bemerken: sowohl auf dem Pariser, als auf dem aus einem anderen Stempel geprägten Gothaer Exemplar ist das I ganz deutlich und wohl erhalten[89]). Auch in der Abbildung der

---

[87]) Strab. XIV. 5. 10.

[88]) Dies ist aber nicht richtig. Das A hat auf allen Olbischen Münzen, auch auf denen von Polemo's Nachfolger Aiax statt des Querstriches einen Punkt, den Visconti übersehen hat, obgleich er auf der Pariser Schwefelpaste ganz deutlich ist.

[89]) Vgl. auf unserer Tafel die nach Abdrücken gezeichneten genauen Abbildungen der beiden Münzen (No. 5 und 6).

ähnlichen Münze im Mus. Pembrock. (Vol. II. Taf. 67), sowie in der Beschreibung derselben in dem sehr gründlichen Auctionscatalog dieser Sammlung (No. 1004) ist die Inschrift ⋖IA angegeben: ja auf dieser Münze ist nach der Abbildung das ⋖ [90]) sogar durch den Typus — Blitz — von den Buchstaben IA getrennt. Die Jahreszahl 11 steht also ganz unzweifelhaft fest, da man doch nicht bei drei verschiedenen Münzen jedesmal denselben Irrthum des Stempelschneiders annehmen kann, zumal bei einem so wichtigen Theile der Umschrift. Hiermit fällt also Visconti's Ansicht, daſs der Polemo von Olba und der König Polemo von Pontus identisch seien, denn im Jahre 11 des Olbischen von Antonius eingesetzten Dynasten war Polemo längst König von Pontus. —

Wir wollen nun, gestützt auf die wenigen Schriftstellernotizen und die Münzen, jedoch ohne, wie Visconti, die Monumente einer ansprechenden Hypothese zu Gefallen umzumodeln und zu verdächtigen, untersuchen, ob und welche Umstände für oder gegen die Identität des olbi-

---

[90]) Es ist dies kein Monogramm aus Є und T, wie der Verfasser des Pembrokeschen Auctionscatalogs annimmt, sondern ein etwas eigenthümlich geformtes Є, wie die Münzen von Polemo's Nachfolger Aiax beweisen. Auf diesen steht nämlich ⋖T·A· (vgl. unsere Abbildung No. 7 nach einem sehr wohl erhaltenen Exemplar des Berliner Museums). Daſs das Є in der Jahresbezeichnung anders geformt ist, als das E quadratum in der Aufschrift, kommt bekanntlich zuweilen vor (z. B. bei den Münzen Asanders). Die Abkürzung Є für ЄTOYΣ statt des sonst gewöhnlichen ЄT mag auf Polemo's Münzen durch den Raum bedingt sein.

schen und des pontischen Polemo sprechen. Dafs zur Zeit des M. Antonius das Priesteramt und die Herrschaft in Olba in den Händen einer fremden Dynastie war, geht aus den angeführten Worten Strabo's hervor, doch scheint gerade jene Stelle mit den Münzen und deren Jahreszahlen im Widerspruch zu stehen. Die Münzen des Oberpriesters Polemo reichen bis zum elften Jahr seiner Regierung, abgesehen von der natürlich noch späteren undatirten Münze, auf welcher er den Titel König führt. Die Anwesenheit des M. Antonius in Cilicien i. J. 713 macht es wahrscheinlich, dafs Polemo in diesem Jahre von ihm eingesetzt worden sei; ja die Münzen des Jahres IA lassen eine spätere Einsetzung nicht wohl zu, da, wie Eckhel schon richtig bemerkt, Polemo nach der Schlacht bei Actium, welche in das elfte Jahr von Polemo's Herrschaft — von 713 an gerechnet — fällt, ohne Gefahr den Namen M. Antonius, den er noch auf diesen Münzen des Jahres 11 trägt, nicht mehr führen konnte: auf der späteren Königsmünze fehlen sie auch. Nun soll aber in derselben Zeit, in welcher Polemo herrschte, nach Strabo's Erzählung die Herrschaft von Olba in den Händen der Aba gewesen sein, und zwar durch die Gunst des Antonius und der Cleopatra. Wir können nicht annehmen, dafs Strabo, über die kleinasiatischen Verhältnisse sonst so genau unterrichtet, uns eine irrige Nachricht überliefert habe, wir müssen daher untersuchen, ob sich dieser Widerspruch nicht auf irgend welche Weise — aber ohne die Annahme von Irrthümern der Stempelschneider — lösen läfst. Strabo sagt, dafs Aba, die durch Heirath in das Geschlecht der Olbischen Priester gekommen, unter Vormundschaft ihres Vaters die Herrschaft selbst geführt habe. Dies setzt nothwendigerweise voraus, daſs sie bereits Wittwe gewesen, denn bei Lebzeiten ihres aus dem Teukridengeschlecht stammenden Gemahls hätte sie unmöglich unter Vormundschaft ihres Vaters herrschen können. Antonius und Cleopatra ἐχαρίσαντο ἐκείνῃ, heiſst es weiter; offenbar im Jahre 713 während ihres Aufenthaltes in Cilicien, also in demselben Jahre, in welchem M. Antonius den Polemo zum Priester und Toparchen von Olba ernannt haben muſs. Es scheint also, daſs das χαρίζεσθαι gegen Aba und die Einsetzung Polemo's dasselbe Ereigniſs ist, und ich glaube daher, daſs jene Gunst, die Antonius der Aba erwies, darin bestand, daſs man ihr den Polemo zum Gemahl gab[91]), und sie so gewissermaſsen im Besitz ihrer unrechtmäſsigen Herrschaft lieſs. Dies scheint die einzig mögliche Interpretation der Strabonischen Stelle. Die Vermuthung liegt nun allerdings nahe, daſs dieser Olbische Polemo mit dem Sohne von Antonius' Wohlthäter und Freund[92]) Zeno von Laodicea, also mit dem späteren

---

[91]) Eckhel (D. N. III. 63) nimmt ebenfalls an, daſs Polemo der Gemahl der Aba gewesen sei, glaubt aber, daſs er aus der einheimischen Dynastie der Teukriden gewesen — was der Nachricht bei Appian (b. c. 75) widerspricht — und daſs sich auf ihn die Worte Strabo's κατ' ἐπιγαμίαν etc. bezögen. Dies ist aber sowohl nach den Daten der Münzen, als nach Strabo's Worten unmöglich, nach denen Aba bei Antonius' Aufenthalt in Cilicien bereits Wittwe gewesen sein muſs. Derselben irrigen Ansicht ist Belley (Mém. de l'Ac. d. b. l. Vol. XXI).

[92]) Strab. XIV. 2. 24.

Könige von Pontus identisch ist. Dafs der Polemo von Olba kein eigentlich rechtmäfsiger Herrscher war, beweist die angeführte Stelle des Appian, welcher Polemo unter den von Antonius willkürlich eingesetzten Dynasten nennt: *ἴστη δέ πη καὶ βασιλέας οὓς δοκιμάσειεν ἐπὶ φόροις ἄρα τεταγμένοις .... καὶ Πολέμωνα μέρους Κιλικίας καὶ ἑτέρους ἐς ἕτερα ἔθνη.* Polemo hat also höchst wahrscheinlich nicht zu der einheimischen Teukridischen Dynastenfamilie gehört. Dafür sprechen auch seine Titel, welche nicht mit denen seines aus dem Teukridengeschlecht stammenden Nachfolgers Aiax (es steht auf denselben ΑΙΑΝΤΟΣ · ΤΕΥΚΡΟΥ) übereinstimmen. Da nämlich dieser Aiax, auf dessen Münzen Kopf und Aufschrift des Augustus erscheint [93]), nur *ἀρχιερεύς* und *τοπάρχης* heifst, Polemo aber diese Titel nur auf der Münze des zweiten Jahres seiner Regierung, also 714, führt; auf den Münzen des elften Jahres (= 723) aber statt *τοπάρχης δυνάστης* und auf der natürlich noch späteren Münze sogar König heifst [94]), ist es offenbar, dafs ihm die beiden letzteren

---

[93]) Eckhel D. N. III. 64. Da die Münzen des Aiax mit der Rückseite des Augustus keine Jahresbezeichnung haben, andere Münzen desselben ohne Augustus' Kopf aber mit den Jahreszahlen A und B bezeichnet sind, ist allerdings nicht nöthig, dafs derselbe ein unmittelbarer Nachfolger des Polemo ist; ihm kann sehr wohl noch sein Vater Teukros vorhergegangen sein.

[94]) Denn auf den Münzen des elften Jahres (723) heifst er noch *ἀρχιερεύς* und *δυνάστης*. Auch dieser letztere von *τοπάρχης* wohl nur wenig verschiedene Titel scheint ihm persönlich von M. Antonius verliehen worden zu sein, vielleicht nach Vertreibung der Parther

Titel nur als persönliche Auszeichnung von den Römern verliehen worden sind, während nach seinem Tode oder seiner Abdankung wiederum der alte einheimische Titel ἀρχιερεύς und τοπάρχης von der angestammten Herrscherfamilie — τοῖς δ᾽ ἀπὸ τοῦ γένους διέμεινεν ἡ ἀρχή, sagt Strabo — fortgeführt wurde. Hätte Polemo zu dieser einheimischen Dynastie gehört, so würde ohne Zweifel sein Nachfolger Aiax auch den Königstitel geführt haben und nicht von Augustus degradirt worden sein, da Polemo den Königstitel nicht von Augustus Feind Antonius, sondern von Augustus selbst erhalten zu haben scheint. Letzteres geht daraus hervor, daſs die Königsmünze frühestens aus dem Jahre der Schlacht bei Actium, aber später als die datirten Dynastenmünzen desselben Jahres, oder wahrscheinlich noch später, also unter Augustus, geprägt sein muſs; auch fehlen auf der Königsmünze die unter Augustus natürlich misliebigen Namen M. Antonius. — Polemo hat also wahrscheinlich nicht zur olbischen Teukridenfamilie gehört; damit ist nun jedoch keineswegs seine Identität mit dem späteren Könige von Pontus ausgesprochen. Für diese Identität lieſse sich Folgendes anführen: der Beherrscher von Olba führt ebenso, wie die Familie des Rhetors Zeno von Laodicea den Gentilnamen Antonius. Daraus geht jedoch weiter nichts hervor, als daſs der olbische Polemo ebenso wie der Rhetor Zeno oder dessen Sohn, der pontische Polemo, von M. Antonius das römische

---

aus Cilicien durch P. Ventidius Bassus, welcher i. J. 715 τήν τε Κιλικίαν ἐκομίσατο καὶ αὐτὸς μὲν ταύτην καθίστατο. Dio 48. 40.

Bürgerrecht erhielten; dafs aber beide Polemone identisch sind, ist damit nicht bewiesen. Wichtiger sind zwei Notizen des Strabo und des Dio Cassius. Ersterer erzählt, dafs ein Polemo die Stadt Iconium in Lycaonien — in geringer Entfernung von Olba — besessen habe[95]). Dafs der Herr von Iconium mit dem Dynasten von Olba identisch ist, scheint aus der Nähe beider Städte mit Sicherheit hervorzugehen; auch könnte man glauben, dafs Strabo wohl noch irgend ein näher bezeichnendes Wort, etwa τις oder etwas ähnliches zu dem Namen Polemo hinzugesetzt hätte, wenn dieser ein anderer als der von ihm in demselben Buche mehrfach erwähnte[96]) pontische König gewesen wäre. Aber auch dies hat keineswegs sichere Beweiskraft. Gröfsere Bedeutung hat die zweite Stelle bei Dio[97]). Dieser erzählt, dafs der Kaiser Claudius Polemo dem Zweiten, dem Sohne Polemo des Ersten von Pontus, die Herrschaft über den Bosporus genommen und ihm dafür einen Theil (χώραν) Ciliciens gegeben habe. Dieser freilich sehr ungleiche, und wenn man die Entfernung des Pontus, den Polemo II. behielt, von Cilicien bedenkt, für den König sehr ungünstige Tausch findet seine Erklärung, wenn man annimmt, dafs Polemo I. bereits denselben Theil Ciliciens besessen und ihn später, als er den Bosporus erhielt[98]), im Jahre 740, wieder an die einheimische Dynastenfamilie abgegeben habe, so dafs also die Vertauschung des

---

[95]) Strab. XII. 6. 1. Ἰκόνιον ... τοῦτο δ᾽ εἶχε Πολέμων.

[96]) Strab. XII. 3. 29 u. 38.

[97]) Dio 60. 3.

[98]) Dio 54. 24.

Bosporus mit einem Theile Ciliciens durch Polemo II. als eine Art Restitution zu betrachten wäre.

Wenn nun die beiden angeführten Stellen auch für die Identität des Dynasten von Olba und des pontischen Königs sprechen, so erregt doch ein Umstand grofses Bedenken dagegen, nämlich die Titel, welche Polemo auf den Olbischen Münzen führt. Bis zum elften Jahre seiner Regierung, das, wie wir gesehen haben, dem Jahre 723 entspricht, heifst er *δυνάστης*[99]), erst nachher *βασιλεύς*, während er doch schon seit 718 König von Pontus gewesen wäre. Unmöglich ist bei der Entfernung und jedenfalls verschiedenen Verfassung beider Reiche eine solche Trennung der Titel nicht, ja man könnte etwas Aehnliches auf den Inschriften der früheren bosporanischen Könige finden, welche meistens eine Titeltrennung zeigen:

ΑΡΧΟΝΤΟΣ · (ΠΑΙΡΙΣΑΔΕΟΣ od. ΣΠΑΡΤΟΚΟΥ)
ΒΟΣΠΟΡΟΥ · ΚΑΙ ·
ΘΕΥΔΟΣΙΗΣ . ΚΑΙ . ΒΑΣΙΛΕΥΟΝΤΟΣ . ΣΙΝΔΩΝ
etc.

Aber sehr bedenklich bleibt dieser Umstand immer, und die Identität beider Polemone ist durchaus nicht sicher zu

---

[99]) Die oben unter No. 4 beschriebene Münze des Jahres 11 mit ΑΡΧΙΕΡΕΩΣ · CΑΛ ·, dessen Erklärung Eckhel versucht, scheint unrichtig gelesen zu sein, was sich aus der verschiedenen Form des Σ ergiebt. Ohne die Münze gesehen zu haben kann ich unmöglich irgend welche Erklärung des angeblichen CΑΛ versuchen. Leider giebt auch der Auctionscatalog der Pembrokeschen Sammlung nicht an, ob die Aufschrift wirklich so heifst.

beweisen, sondern nur eine Möglichkeit. Fest steht nur, dafs M. Antonius Polemo, Dynast, später König von Olba, einer in Olba nicht einheimischen Dynastie, vielleicht, wofür sein Name und die Nachricht Dio's über die Vertauschung des Bosporus mit einem Theil Ciliciens spricht, der Familie der Zenoniden von Laodicea angehörte und in Olba von M. Antonius eingesetzt wurde.

Ich komme nun zu den sicheren Münzen Polemo I. als König von Pontus, welchen er bereits 718[100]) besafs; Genaueres läfst sich über die Zeit seiner Ernennung zum Könige von Pontus nicht sagen, da wir nur aus der angeführten Stelle des Dio wissen, dafs Polemo i. J. 718 schon König von Pontus war, während uns die Denkmäler im Stich lassen[101]).

Merkwürdig ist es, dafs wir aus der, wie es scheint, langen Regierungszeit Polemo's als König von Pontus von 718 an, wahrscheinlich bis 761 — auf sein nicht sicheres Todesjahr komme ich später zurück — nur eine einzige sichere Münze besitzen. Leider ist dieselbe nicht datirt, und bietet auch durch ihre Typen wenig historisches Interesse[102]):

---

[100]) Dio 49. 25.

[101]) Die grofsen staatlichen Veränderungen Kleinasiens durch Antonius i. J. 718 machen die Einsetzung Polemo's in eben diesem Jahre sehr wahrscheinlich. Vgl. Dio 49. 32: ὁ δ' Ἀντώνιος . . . . Ἀμύντᾳ μὲν Γαλατίας καίπερ γραμματεῖ τοῦ Δηϊοτάρου γενομένῳ ἔδωκε, καὶ Λυκαονίας Παμφυλίας τέ τινα αὐτῷ προσθείς, Ἀρχελάῳ δὲ Καππαδοκίας, ἐκβαλὼν τὸν Ἀριαράθην.

[102]) Abgebildet bei Koehne Mus. Kot. II. p. 175.

Av. Kopf des Polemo mit Diadem, rechtshin.
Rv. Achtstrahliger Stern.
ΒΑΣΙΛΕΩΣ · ΠΟΛΕΜΩΝΟΣ · ΕΥΣΕΒΟΥΣ ·

AR. 4. Drachme (Denar).

Wie uns die nach gleichem Münzfuſs geprägten und der Fabrik nach ähnlichen Silbermünzen der Gemahlin Polemo's, Pythodoris und Polemo II., welche nur den Pontus beherrschten, beweisen, ist diese Münze nicht im bosporanischen Reiche, sondern im Pontus geprägt. Der Stern der Rückseite bezieht sich offenbar nicht, wie Koehne etwas unklar sagt, auf die „vénération de Polémon pour son père", sondern ist der auf asiatischen Königsmünzen ganz gewöhnliche, die Sonne bedeutende Typus. An das Wappen der Achämeniden — Stern (Sonne) und Mondsichel — kann man wohl nicht denken, da dasselbe von Polemo doch nur im Bosporus, welchen er zugleich mit der Hand der Tochter des Pharnaces, Dynamis, i. J. 740 erhielt, hätte geführt werden können, während die vorliegende Münze im Pontus geprägt sein muſs. Der Beiname $εὐσεβής$ ist wahrscheinlich von den Münzen der Nachbarkönige von Cappadocien hergenommen.

Die übrigen Münzen Polemo's, welche Eckhel[103]) und nach ihm Mionnet, Visconti und Koehne beschreiben, sind nicht im Original, sondern nur aus älteren mehr oder weniger unzuverlässigen Werken bekannt:

1. Av. ΒΑΣΙΛΕΩΣ · ΠΟΛΕΜΩΝΟΣ · Kopf des Königs mit Diadem, rechtshin.

---

[103]) Eckhel D. N. II. 369.

Rv. M·ΑΝΤΩΝΙΟC·ΑΥΤ·ΤΡΙΩΝ·ΑΝΔΡΩΝ· Kopf des Antonius, rechtshin.

        AR. Patin ad Sueton. p. 278.

2. Av. ΒΑΣΙΛΕΩΣ·ΠΟΛΕΜΩΝΟΣ· Kopf des Königs mit Diadem, rechtshin.

Rv. ΚΑΙΣΑΡΟΣ·ΣΕΒΑΣΤΟΥ· Kopf des Augustus, rechtshin.

        Æ. 5. Seguin num. sel. p. 317. Cary p. 41 [104]).

3. Av. ΒΑΣΙΛΕΩΣ·ΠΟΛΕΜΩΝΟΣ· Kopf des Königs mit Diadem, rechtshin.

Rv. IMP·CAESAR·AVG· Kopf des Augustus, rechtshin.

        Æ. Vaillant Achaem. imp. p. 230.

Die erste Münze, ein Denar (oder Drachme) mit Antonius' und Polemo's Kopf, stimmt mit den Münzen Polemo des Zweiten ziemlich überein und kann möglicherweise ächt sein; ein Original ist aber nicht zum Vorschein gekommen. Die zweite Münze wäre das einzige Beispiel einer Kupfermünze der Zenonidischen Dynastie im Pontus und Bosporus[105]), und ist schon deshalb zweifelhaft, obgleich der

---

[104]) Im Catalog der Sammlung Welzl v. Wellenheim (Wien 1847) Bd. I. p. 199. No. 4661 ist folgende Münze Polemo I. zugetheilt:

    Av. .... tête diadémée de Polémon I. à droite.

    Rv. ... ΣΕΒΑΣΤΟΥ· tête nue d'Auguste à droite.

        Æ. 4.

Bei dem gänzlichen Fehlen der Aufschrift der Hauptseite kann dies aber alles mögliche andere ebensogut sein als Polemo I.

[105]) Die von Koehne beschriebenen Kupfermünzen von Polemo II. sind sämmtlich unächt oder doch ebenso zweifelhaft, als die vorliegende Kupfermünze Polemo I. Vgl. weiter unten.

Typus an und für sich nichts Ungewöhnliches hat. Die dritte Münze endlich mit griechischer Aufschrift der Hauptseite und lateinischer Legende der Rückseite — was bei diesen Münzen nie vorkommt[106]) — scheint eine ziemlich grobe moderne Fälschung oder Erfindung zu sein.

Andere Denkmäler der pontischen Herrschaft Polemo's, welcher im Jahre 721 von M. Antonius auch noch Kleinarmenien erhielt[107]) und 728 von Augustus zum Bundesgenossen und Freund des römischen Volkes ernannt wurde[108]), besitzen wir nicht.

Doch haben wir eine Reihe datirter Goldmünzen, welche ihm als König von Bosporus, den er, wie oben gesagt, im Jahre 740 von Augustus und mit Hülfe des Agrippa erhielt[109]), mit großer Wahrscheinlichkeit zuge-

---

[106]) Fr. Lenormant (Descr. des méd. de M. de Behr p. 53) hat eine von ihm Polemo I. zugetheilte Kupfermünze folgermaßen beschrieben:

Av. (ΒΑCΙΛΕѠC) Π(ΟΛΕΜѠΝΟC) Tête diadémée de Polémon I. à droite.

Rv. ..AGRIPPA·TR·POT.. Tête nue d'Agrippa à droite.

Æ. 5 (inédite).

Dieser Beschreibung gemäß ist die Münze auch abgebildet auf Taf. I. 4. Die Hauptseite zeigt also nur den Buchstaben Π, während alles andere hinzuphantasirt ist; die Rückseite muß falsch gelesen sein, denn „Agrippa tribunicia potestate" ist Unsinn. Die Münze ist also nicht zu berücksichtigen.

[107]) Dio 49. 44.
[108]) Dio 53. 25.
[109]) Dio 54. 24.

schrieben werden können. Es sind dies Stateren mit folgenden Typen[110]):

Av. Kopf des Augustus linkshin.

Rv. Unbärtiger Kopf rechtshin, dahinter ⚭

Unter dem Kopf eine Jahreszahl. Man kennt bis jetzt Münzen mit den Zahlen: 289, 290, 294, 299 und 304. AV. 4.

Die Daten auf diesen Münzen gehören der im Herbst 457 beginnenden pontisch-bosporanischen oder richtiger der achämenidischen Aera[111]) an und sind demnach aus den Jahren 746/47—761/62. Man hat diese Stateren früher Sauromates dem Ersten[112]) oder einem anderen bosporanischen Könige zugeschrieben, Koehne weist sie einem „chef barbare" zu, das heifst, er läfst sie unbestimmt. Mommsen[113]) stellt in Betreff dieser Goldmünzen eine Hypothese auf, die ich im Wesentlichen für richtig halte: „Die älteste derartige Münze ist vom Jahre 289 der pontischen Aera ... sie kann nur von Polemon I. herrühren, der i. J. 740 durch römische Waffen die Hand der Enkelin des Mithradates Eupator, der Wittwe und Erbin des Asandros und damit die Krone des Bosporus gewonnen hatte. Dio 54. 24. ΔΥ im Monogramm sind vermuthlich die

---

[110]) Koehne Mus. Kot. II. 199.

[111]) Eckhel D. N. II. 381.

[112]) Köhler, Remarques sur un ouvr. int. antiqu. d. Bosph. 133 ff. Die von Sestini (Musée Chaudoir p. 79) versuchte Auflösung des Monogramms in ΜΙΘΡΑΔΑΤΟΥ·ΔΕΥΤΕΡΟΥ ist natürlich irrig. Ebenso die auf falscher Lesung beruhende Erklärung Visconti's (Icon. gr. II. 176): *Δροῦσος Καῖσαρ*.

[113]) Mommsen Gesch. d. röm. Münzw. 702. Anm.

Initialen dieser Königin; ob M sie als Enkelin des Mithradates bezeichnet, oder etwa Polemon im Bosporus den Namen Mithradates angenommen hat, steht dahin. Die Münzen . . . reichen bis zum Jahre 304 der pontischen Aera, 8 n. C., und es scheint dies das Todesjahr Polemon's I. zu sein, während Dynamis freilich schon früher gestorben sein muſs." — Für diese Ansicht Mommsens spricht Folgendes: die Münzen schlieſsen sich ihrer Fabrik und dem Gewicht nach eng an die Stateren des Asander und der Dynamis an, und der ganz sichere Kopf des Augustus beweist, daſs sie von einem bosporanischen Herrscher geprägt sind, welchen Augustus anerkannt hatte. Die Aera der Achämeniden konnte von keinem anderen im Bosporus herrschenden Könige damals mit Recht geführt werden, als von Polemo, welcher durch die Heirath mit Dynamis, die sich auf ihren Münzen derselben Aera bediente, legitimer König des Bosporus wurde. Der Kopf der Rückseite endlich scheint nach Vergleichung verschiedener Exemplare weder der eines Königs noch der des Caesar zu sein, wie Koehne und Andere annehmen, sondern der des Agrippa; zumal das gewöhnliche Attribut Caesars, der Lorbeerkranz, fehlt[114]), während Agrippa öfter ohne seine Schiffskrone

---

[114]) Die Beispiele eines caput nudum bei Caesar (z. B. auf den Münzen von Vienna) sind sehr selten. Ob der unbekränzte Kopf auf einer Chersonesischen Kupfermünze (Koehne Mém. de St. Pétersb. Vol. II. tab. XVI. No. 1) der des Caesar ist, scheint mir sehr zweifelhaft. Auch das caput nudum Caesars auf den Münzen von Achulla in Byzacene (Müller, numism. de l'anc. Afr. II. 43) ist bei der mangelhaften Erhaltung der Münze unsicher. Auf der Münze von Hadru-

erscheint[115]). Dieser Typus wäre für jene Münzen viel passender, da Polemo dem Agrippa das bosporanische Reich zu verdanken hatte. — Ob die von Mommsen versuchten Deutungen des Monogrammes auf der Seite mit Augustus' Kopf, welches allerdings die Buchstaben ΔΥΜ enthält, richtig sind, ist ungewifs. Nach der ersten Deutung hätte man etwa $\Delta\acute{\Upsilon}\nu\alpha\mu\iota\varsigma$ $M\iota\vartheta\varrho\alpha\delta\acute{\alpha}\tau o\upsilon$, sc. $\upsilon\grave{\iota}\omega\nu\acute{\eta}$ zu lesen; das ist aber ohne alle Analogie. Doch hat die zweite Deutung $\Delta\acute{\Upsilon}\nu\alpha\mu\iota\varsigma$, $M\iota\vartheta\varrho\alpha\delta\acute{\alpha}\tau\eta\varsigma$ sc. Polemo, Manches für sich. Eine Analogie einer solchen Namensveränderung haben wir bei Zeno, dem Sohne unseres Polemo, welcher bei seiner Ernennung zum Könige von Armenien seinen Namen Zeno in Artaxias, nach dem Namen der armenischen Hauptstadt Artaxata, umänderte[116]). So könnte auch Polemo bei Besitzergreifung des Bosporus seinen Namen in den alten, berühmten Namen der achämenidischen Dynastie umgeändert haben. Auch die Miterwähnung der Dynamis, der legitimen Beherrscherin des Bosporus, wäre nicht unwahrscheinlich, nur die Fortführung des Monogramms noch weit über das muthmafsliche Todesjahr derselben hinaus[117]) macht

---

metum (Müller II. 52. No. 31) hat nach der Abbildung Caesar einen deutlichen Lorbeerkranz.

[115]) Auf Münzen von Parium in Mysien (Eckhel D. N. II. 462 und im Kgl. Mus. zu Berlin) mit dem Kopfe des Augustus auf der Rückseite, auf Münzen des Proconsul Scato von Cyrenaica (Müller num. de l'anc. Afr. I. 166. No. 433) und den bekannten römischen Denaren des C. Sulpicius Platorinus.

[116]) Tac. Ann. II. 56.

[117]) Sie wurde von ihrem Vater Pharnaces bereits dem Caesar zur Gemahlin angeboten, wie aus Appian. b. c. II. 91 mit gröfster

einige Schwierigkeit. Die einzige Analogie dazu, die man aber kaum eine solche nennen kann, ist die Prägung von Münzen mit den Typen und dem Namen Alexanders des Grofsen durch die Diadochen, die wohl nur deshalb stattfand, um die als Handelsgeld weit und breit bekannten und beliebten Alexandermünzen nicht durch andere Stücke mit noch unbekannten Typen zu ersetzen. Auch die ebenfalls im ganzen Alterthum verbreiteten und beliebten goldenen Stateren von Philippus II. von Macedonien wurden nach Philipp's Tode fortgeprägt, wie z. B. die auf Rhodus deutenden Beizeichen einiger dieser Goldmünzen beweisen, denn Rhodus war nie Philipp dem Zweiten unterworfen. Sehr bedenklich ist aber bei den Mommsenschen Deutungen der Monogramme auf unseren fraglichen bosporanischen Goldstateren der Umstand, dafs in einem Monogramm zwei, noch dazu verschiedenen Personen angehörige Namen enthalten sein sollen. Doch wenn auch die Erklärung des Monogramms sehr unsicher ist, so scheint doch die Zutheilung der Münzen an Polemo den Ersten richtig zu sein. Freilich ist die erste uns bis jetzt bekannte Münze dieser Art vom Jahre 746/47 (denn diesem Jahre entspricht das Jahr 289 der achämenidischen Aera). In die Jahre 740 (Polemo's Thronbesteigung) bis 746/47 kann nun sehr wohl der Tod der Dynamis, Polemo's Wiederverheirathung mit Pythodoris und die Geburt dreier Kinder fallen[118]), aber ein indirecter Beweis für eine längere Re-

---

Wahrscheinlichkeit hervorgeht und mufs daher bei ihrer Vermählung mit Polemo i. J. 740 schon ziemlich bejahrt gewesen sein.

[118]) Strab. XII. 3. 29.

gierung Polemo's scheint mir in den Worten Strabo's zu liegen[119]): οἱ ὕστατοι (sc. βασιλεῖς τοῦ Βοσπόρου) Φαρνάκης καὶ Ἄσανδρος καὶ Πολέμων. Strabo's Werk wurde im Jahre 18 oder 19 n. C. vollendet; wäre nun Polemo schon im Jahre 746/47 gestorben und gehörten daher unsere bosporanischen Stateren — denn daſs sie bosporanisch sind beweist ihre genaue Uebereinstimmung mit späteren unzweifelhaft bosporanischen Goldmünzen — bereits dem unbekannten Nachfolger des Polemo an, so würde Strabo wohl nicht Pharnaces, Asander und Polemo so sehr ungenau als die ὕστατοι der Könige des Bosporus anführen, was jedoch sehr wohl geschehen konnte, wenn Polemo erst 761/62 gestorben war, — denn auf die Goldmünzen dieses Jahres (= 304 der achäm. Aera) folgen unmittelbar die Stateren mit dem Monogramm KNE, also unzweifelhaft eines anderen Königs, — der Bosporus also kaum seit einem Decennium in den Händen einer fremden Dynastie war. — Leider müssen wir uns mit diesen Hypothesen und Wahrscheinlichkeiten vorläufig begnügen, bis dieselben durch neue Münzfunde bestätigt oder widerlegt werden. Andere Nachrichten über die Dauer von Polemo's Herrschaft im Bosporus und die Zeit seines Todes besitzen wir nicht, da die oben angeführte Cymäische Inschrift, welche frühestens aus dem Jahre 752 ist, nicht mit Sicherheit auf den König Polemo bezogen werden kann und da Strabo nur erzählt, daſs Polemo von den Barbaren gefangen genommen und getödtet worden sei,

---

[119]) Strab. XI. 2. 11.

ohne das Jahr seines Todes auch nur annähernd zu bestimmen[120]).

An diese, vielleicht von Polemo dem Ersten geprägten Goldmünzen, schliefsen sich ganz ähnliche Stateren aus den Jahren 304—306 der achämenidischen Aera mit der noch ungelösten Ligatur der Buchstaben **KNE** an[121]). Wem diese Münzen angehören, ob vielleicht dem Barbarenfürsten, welcher Polemo den Ersten ermorden liefs, ob einem anderen von den Römern bestätigten Könige des Bosporus, — denn dies beweist der Kopf des Augustus — alles dies wissen wir vorläufig nicht. Nur so viel ist sicher, dafs nach Polemo's Tode der Bosporus einer fremden Dynastie zufiel, deren erster König sich eines aus **K, N, E** zusammengesetzten Monogramms auf seinen Münzen bediente; denn dafs diese Münzen im Bosporus geprägt sind, beweist ihre völlige Uebereinstimmung mit den späteren bosporanischen Stateren. Auf die Münzen dieses unbekannten Königs folgen die Stateren des historisch bekannten Königs Rhescuporis I., dessen Regierung nach jetziger Annahme von 14—37 n. C. fällt[122]). Der erste dieser Stateren hat das Monogramm ⌘ und trägt die Jahreszahl 307. Die nächste uns bekannte Münze dieses Königs hat das Monogramm ⌘ und die Jahreszahl 328. Ein Zweifel an der richtigen Zutheilung der ersten Münze ist bei der Verschiedenheit der Monogramme und bei der grofsen Lücke von 307—328 wohlgegründet; doch scheint

---

[120]) Strab. XII. 3. 29.
[121]) Koehne Mus. Kot. II. p. 200. Taf. X.
[122]) Koehne Mus. Kot. II. p. 203 ff.

das Monogramm der Münze vom Jahre 307 allerdings auch die Buchstaben B, A, P, wie das Monogramm der zweiten Münze, zu enthalten. Vielleicht geben uns neue Münzen und Inschriften sichere Nachrichten über den Regierungsantritt Rhescuporis des Ersten, in dessen Dynastie das bosporanische Reich von nun an mit einer kurzen Unterbrechung bis zu Ende bleibt.

Pythodoris,
Königin von Pontus 761/62(?)—87/89(?).

Die Wittwe Polemo des Ersten, Pythodoris, Tochter des Pythodorus von Tralles, beherrschte nach dem Tode des Königs den Pontus und verheirathete sich mit Archelaus, dem Könige von Cappadocien, den sie ebenfalls überlebte[125]). Wir besitzen von dieser Königin nur zwei Münzen, die aber durch ihre Typen und Jahreszahlen chronologisch genau zu bestimmen sind:

1. Av. Kopf des Augustus mit Lorbeerkranz, rechtshin.
   Rv. ΒΑΣΙΛΙΣΣΑ · ΠΥΘΟΔΩΡΙΣ · ΕΤΟΥΣ · Ξ ·
   Capricornus.
           AR. 4. Drachme (Denar).

2. Av. Kopf des Tiberius mit Lorbeerkranz, rechtshin.
   Rv. ΒΑΣΙΛΙΣΣΑ · ΠΥΘΟΔΩΡΙΣ · ΕΤΟΥΣ · Ξ ·
   Wage.
           AR. 4. Drachme (Denar).

Beide Münzen, von denen die erste in zwei zu Paris und Petersburg befindlichen, die zweite nur in einem Pariser

---

[125]) Strab. XII. 3. 29.

Exemplar bekannt ist, sind von Pythodoris als Königin von Pontus geschlagen, in dem sie trotz ihrer Verheirathung mit Archelaus selbständig herrschte; dies beweisen die nur mit ihrem Namen bezeichneten und nach pontischem Münzfufs ausgeprägten Silbermünzen. Nach den mir vorliegenden Abdrücken ist nicht der geringste Zweifel, dafs der Kopf der ersten Münze den Augustus, der der zweiten aber den Tiberius darstellt. Da nun beide Münzen dieselbe Jahreszahl 60 tragen, so fallen dieselben in das Jahr 13/14 n. C.[124]). Rechnet man von da nach der Jahreszahl 60 zurück, so findet man, dafs die Münzen nach der Caesarischen im Jahre der Schlacht bei Zela 707 beginnenden Aera geprägt sind. Was die Typen anlangt, ist es zweifelhaft, ob der Steinbock hier das bekannte Horoscop des Augustus ist, denn dann müfste die Wage nach Analogie der ersten Münze das Horoscop des Tiberius sein[125]); da man aber nur den Tag, nicht aber die Stunde von Tiberius' Geburt kennt, auch die Schriftsteller Nichts über sein Horoscop sagen, läfst sich diese allerdings nahe liegende Annahme nicht mit Sicherheit behaupten. Doch scheint mir diese Ansicht viel wahrscheinlicher als die frühere, nach welcher Steinbock und Wage Monatsbezeichnungen sind[126]). Nach dieser letzteren Ansicht würde die Münze

---

[124]) Denn das Jahr fing jedenfalls, wie gewöhnlich nicht am 1. Januar, sondern im Herbst an.

[125]) Koehne (mém. de St. Pétersb. VI. 248) nennt die Wage schlechtweg die Constellation des Tiberius. Das ist aber nur seine willkürliche Annahme.

[126]) Siehe darüber Eckhel D. N. II. 371 f.

des Augustus in den December 13 n. C. oder Januar 14, die Münze des Tiberius aber September/October des Jahres 14, also in die letzte Zeit des im Herbst zu Ende gehenden Jahres 60 der Caesarischen Aera fallen. Eine Analogie dafür, dafs statt des Namens der Monate das betreffende Himmelszeichen gesetzt wird, ist mir auf Münzen nicht bekannt, wohl aber ist der Steinbock als Horoscop bei dem Kopfe des Augustus oder auf der Rückseite von Münzen, welche unter ihm in Griechenland und Kleinasien geprägt sind, häufig. — Ehe ich über die von den Schriftstellern nicht überlieferte Zeit des Todes der Königin Pythodoris spreche, will ich die sehr vollständige Reihe der datirten Münzen ihres Sohnes

Polemo II.,
König von Pontus 37/39 bis 63, vom Bosporus 37/39—41.

hierhersetzen, da sich aus den Jahreszahlen derselben das Todesjahr der Pythodoris zu ergeben scheint. Die von Koehne im Wesentlichen richtig und genau aufgestellte Tabelle der Münzen Polemo des Zweiten ist mit einigen Zusätzen und Verbesserungen folgende:

Jahreszahl der Münzen.	Rückseite (Kaiserkopf).
Γ	Caligula.
Z	Caligula (Catal. Rollin No. 4368).
H	Claudius.
IA	desgl.
IB	desgl.
IE	desgl. oder Agrippina (Paris).

Jahreszahl der Münzen.	Rückseite (Kaiserkopf).
IϚ	Claudius.
IZ	Claudius und Agrippina.
IH	Nero.
IΘ	desgl.
K	desgl.
KA	desgl.
KΓ	desgl.

Alle diese nicht übermäfsig seltenen Münzen Polemo des Zweiten sind Silbermünzen (Drachmen oder Denare) und zeigen auf der Hauptseite den Kopf des Königs mit Diadem und die Umschrift ΒΑΣΙΛΕΩΣ · ΠΟΛΕΜΩΝΟΣ, auf der Rückseite einen oft recht gut und charakteristisch gezeichneten Kaiserkopf und die Jahresbezeichnung ЄΤΟΥΣ · Γ ·[127]) u. s. w. Das von Koehne angeführte Silberstück[128]), ein angebliches Didrachmon mit Polemo's und Nero's Kopf und griechischer und lateinischer Legende ist nur aus Vaillant[129]) bekannt und daher ganz unzuverlässig. Die Kupfermünze Polemo's mit Nero's Kopf[130]) scheint ein verfälschtes Exemplar der bosporanischen, nicht pontischen, Kupfermünze Nero's allein[131]) zu sein, von der sie sich nur durch die hinzugefügte Inschrift der Rückseite: Β..... ΠΟΛΕΜШΝΟC unterscheidet; auch ist ΚΔ, 24, auf

---

[127]) Ueber die Buchstabenformen auf Polemo's Münzen s. Anmerkung 141.

[128]) Koehne Mus. Kot. II. 187. No. 8.

[129]) Achaem. imp. II. 244.

[130]) Koehne Mus. Kot. II. 189. No. 14.

[131]) Koehne Mus. Kot. II. Taf. XII. No. 40.

diesen Münzen nicht Jahreszahl, sondern Werthzahl, wie das Ganzstück Nero's mit der Zahl MH [132]), 48, die gewöhnliche bosporanische Scheidemünze, beweist. Da aber Polemo II. bereits unter Claudius (Dio 60. 8) den Bosporus verlor, so kann es von ihm keine ächten bosporanischen Münzen mit Nero's Kopf geben. Dafs aber die angeführten Münzen Nero's von bosporanischen Königen oder doch im Bosporus geprägt sind, ergiebt sich aus der Vergleichung derselben mit der durch Typen und Fabrik so charakteristischen und von andern Münzen so verschiedenen Reihe der bosporanischen Königsmünzen jener Zeit. Auch die von Sestini publicirte Kupfermünze Polemo des Zweiten von Sarbanissa [133]) aus dem Jahre 90 der Cäsarischen Aera scheint mir bei der sehr fragmentarischen Königsumschrift: ... ΛΕΥΣ · ΠΟΛ ... und bei der bekannten Gewohnheit Sestini's Inschriften falsch zu lesen oder zu erdichten, sehr zweifelhaft.

Die Münzen Polemo II. sind also datirt und zwar, wie aus den Münzen mit der Zahl 17 und dem Kopfe des Claudius und mit 18 und Nero's Kopf hervorgeht, nach einer im Jahre 37/38 — möglicherweise aber auch erst 38/39 — unter Caligula beginnenden Aera [134]). Nach

---

[132]) Koehne Mus. Kot. Taf. XII. No. 39.

[133]) Sestini Mus. Hederv. II. 12. Taf. XV. No. 11.

[134]) Nur wenn die Münzen mit Claudius' Kopf in die ersten Wochen des Jahrez IZ fallen, kann der Anfang von Polemo's Herrschaft 38/39 gewesen sein, denn Nero kam im October 54 zur Regierung, also wohl unmittelbar nach dem Anfang eines Polemonischen Jahres.

Koehne's Ansicht datirt diese Aera von der im Jahre 38/39 erfolgten Wiedervereinigung des Pontus und des Bosporus[135]), doch scheint mir die frühere Ansicht, nach der die Daten auf Polemo's Münzen Regierungsjahre bezeichnen, die richtigere zu sein. Dafs wir keine Münzen Polemo's besitzen, welche vor dem angeblichen Anfang dieser Aera geprägt sind — denn Koehne glaubt, dafs Polemo, der i. J. 37/38 längst grofsjährig war, schon vorher selbständig regiert habe — beweist allerdings nichts gegen Koehne's Ansicht, ist aber bei der Vollständigkeit seiner Münzreihe doch schon auffallend. Aber eine Stelle Strabo's scheint mir zu beweisen, oder es doch wahrscheinlich zu machen, dafs die frühere Annahme, nach welcher die Daten auf Polemo's Münzen Regierungsjahre sind, vorzuziehen sei. Strabo sagt[136]): Τοὺς δὲ Τιβαρηνοὺς κ. τ. λ. ... ἔχει Πυθοδωρὶς, γυνὴ σώφρων καὶ δυνατὴ προΐστασθαι πραγμάτων. Ἔστι δὲ θυγάτηρ Πυθοδώρου τοῦ Τραλλιανοῦ· γυνὴ δ' ἐγένετο Πολέμωνος καὶ συνεβασίλευσεν ἐκείνῳ χρόνον τινὰ, εἶτα διεδέξατο τὴν ἀρχὴν τελευτήσαντος ... δυεῖν δ' ἐκ τοῦ Πολέμωνος ὄντων υἱῶν καὶ θυγατρὸς, ἡ μὲν κ. τ. λ. ... τῶν δὲ τῆς Πυθοδωρίδος υἱῶν ὁ μὲν ἰδιώτης συνδιῴκει τῇ μητρὶ τὴν ἀρχὴν, ὁ δὲ νεωστὶ καθίσταται τῆς μεγάλης Ἀρμενίας βασιλεύς. Diese Stelle ist zwar wegen des Imperfectums συνδιῴκει nicht recht klar — denn man würde συνδιοικεῖ erwarten — doch scheint mir aus Strabo's Worten soviel hervorzugehen, dafs zu seiner Zeit Pythodoris noch Kö-

---

[135]) Dio 49. 12.
[136]) Strab. XII. 3. 29.

nigin von Pontus war und dafs ihr ältester Sohn (ὁ μέν) Polemo II., obgleich bereits grofsjährig, noch nicht selbständiger König war, sondern unter der Leitung seiner Mutter stand, während der zweite Sohn schon König von Grofsarmenien war (i. J. 18 n. C.)[137]. Wenn also Pythodoris im Jahre 18 oder 19, als Strabo schrieb, ihrem ältesten Sohne trotz seines Alters die Herrschaft noch nicht übergeben hatte, so ist es keineswegs unwahrscheinlich, dafs sie dieselbe bis zu ihrem Tode selbständig fortgeführt und dafs erst nach dem Tode der Mutter i. J. 37 oder 38 n. C. Polemo als selbständiger König seine Regierungsjahre auf den Münzen gezählt habe. Die Ansicht, dafs i. J. 37/38 Polemo II. wegen seiner Grofsjährigkeit längst selbständiger König gewesen, und dafs das dem Jahre 37/38 entsprechende Jahr A deshalb das Datum einer Aera, nicht Regierungsjahr sein könne, scheint also durch Strabo's Worte widerlegt zu werden. Die Vermuthung liegt daher sehr nahe, dafs das Todesjahr der Pythodoris und das erste Regierungsjahr Polemo des Zweiten in die Jahre 37—39 fallen; dafs ferner Polemo's Regierungantritt mit der Wiedervereinigung des Pontus mit dem Bosporus durch Caligula[138] zusammenfällt, und dafs also vielleicht Polemo's erstes Regierungsjahr zugleich erstes Jahr einer von diesem Ereignifs an datirten Aera ist. Freilich sind dies alles nur Vermuthungen, die erst dann widerlegt oder bestätigt werden, wenn entweder Münzen der Pythodoris aus

---

[137] Tac. ann. II. 56.
[138] Dio 59. 12.

den Jahren 18/19—38/39 n. C. oder Münzen Polemo des Zweiten, welche vor dem Jahre 38/39 geprägt sind, aufgefunden werden.

Das Wenige, was uns von Polemo des Zweiten Regierung die Schriftsteller erzählen, ist Folgendes: im Jahre 41 mufste Polemo auf Claudius' Befehl den Bosporus gegen einen Theil ($\chi\omega\rho\alpha$) Ciliciens umtauschen[139]). Wie ich schon oben ausführte, berechtigt dieses Ereignifs zu der Vermuthung, dafs M. Antonius Polemo, der Oberpriester und spätere König von Olba in Cilicien, zu Antonius' und Augustus' Zeit ebenfalls der Familie der Zenoniden aus Laodicea angehörte. Von Nero wurde Polemo zur Abdankung gezwungen, nachdem er ihm vorher noch einen Theil Armeniens gegeben hatte. Der Pontus wurde römische Provinz[140]). Dafs diese Vereinigung des Pontus mit dem römischen Reiche, die wohl gleich mit der Abdankung Polemo's erfolgte, im Jahre 816 stattfand, hat schon Eckhel (D. N. II. 356) aus den Münzen der Pontischen Städte Neocaesarea, Trapezus und Zela bewiesen, welche mit den Zahlen einer im Jahre 816 beginnenden und der Vereinigung des Pontus mit dem römischen Reiche datirten Aera bezeichnet sind. Polemo war zum erstenmal mit Tryphaena, nach Visconti's Meinung einer Tochter Juba des Zweiten und der Cleopatra Selene, vermählt. Die beiden Silbermünzen dieser Königin haben auf der Vorderseite Brustbild und Inschrift Polemo's, auf der Rückseite hat

---

[139]) Dio 60. 8.
[140]) Suet. Nero c. 18.

die eine das Brustbild und die Aufschrift, die andere nur die Aufschrift der Königin: ΒΑCΙΛΙССΗС·ΤΡΥΦΑΙΝΗС[141]). Datirt sind die Münzen nicht. Polemo's zweite Gemahlin war Berenice, die Tochter des jüdischen Königs Agrippa I.; er nahm die Religion dieser seiner zweiten Gemahlin an, trennte sich aber bald darauf von ihr. Mit Polemo dem Zweiten erlischt die Dynastie der Zenoniden im Pontus und Bosporus, während in ihrer Vaterstadt Laodicea die Familie der Antonii Zenones und Polemones noch lange fortbestand und, wie die Münzen beweisen, die höchsten Magistraturen verwaltete. Der letzte auf Münzen von Laodicea und Smyrna aus M. Aurel's Zeit erwähnte Zenonide[142]) ist P. Claudius Attalus, der Sohn des berühmten Philosophen Antonius Polemo. Wie Attalus zu dem Gentilnamen Claudius gekommen ist, wissen wir nicht, doch verschwinden die Namen Antonius Zeno und Antonius Polemo von nun an gänzlich auf Münzen und Inschriften. — Ich gebe zum Schluſs eine chronologische Uebersicht der Herrschaft der Zenoniden im Pontus und Bosporus nach Schriftstellernotizen und Münzen:

Polemo I.

718. Polemo wird König von Pontus.
721. Polemo erhält durch M. Antonius Kleinarmenien.
728. Polemo wird socius et amicus P·R·

---

[141]) Die Buchstabenformen auf den Münzen Polemo II. wechseln; es kommen runde Formen neben den eckigen vor. Das Sigma hat häufig diese Gestalt: С.

[142]) Eckhel D. N. III. 163.

740. Polemo erhält durch Augustus und Agrippa den Bosporus und heirathet die Dynamis.

761/62 (?) Polemo fällt im Kriege gegen die Barbaren. Sein Nachfolger im Bosporus ist ein König, dessen Münzen aus den Jahren 762/63—763/64 ein aus den Buchstaben K, N, E zusammengesetztes Monogramm haben. Im Pontus folgt ihm seine Wittwe

Pythodoris.

87/39 (?) Pythodoris stirbt. Es folgt ihr ältester Sohn

Polemo II.

Im ersten oder zweiten Jahr seiner Regierung Wiedervereinigung des Bosporus mit dem Pontus.

41. Claudius nöthigt den König, den Bosporus gegen einen Theil Ciliciens umzutauschen.

63. Abdankung Polemo des Zweiten. Das pontische Reich (Pontus Polemoniacus) wird römische Provinz.